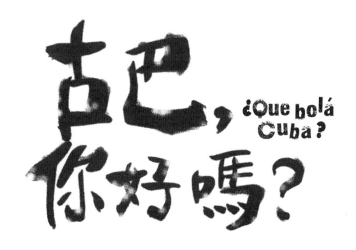

古巴，你好嗎？ ¿Que bolá Cuba?

玩美南人

Eric 苗啟誠

看「玩美南人」的辛勤耕耘與歡喜收成

雄獅旅遊集團董事長／王文傑

　　第一次見到Eric是在2011年，經由他的直屬主管——雄獅旅遊主題旅游總經理游國珍的介紹，瞭解了Eric因為擔任雄獅旅遊環遊世界旅行團的中南美洲遊程當地導遊，深受團員好評，之後經由環遊世界達人領隊陳美筑的推薦，特地飛來台灣面試、再經過一年後正式到職的過程。面對一位在南美洲阿根廷出生成長的年輕同事，雖然外貌是華人臉孔，但從他的談吐所展現帶著「拉丁文化」的異國氣質，十足有型的「Latino」，讓我留下印象，當然也對於飛越大半個地球第一次來到父母親故鄉打拚的ABC（Argentina Born Chinese），多了一份關心與期許。

　　第二次跟Eric深談，是他在「雄獅台大人文空間」舉辦講座，分享中南美洲旅遊的精彩與生活的點滴，把普遍台灣人都相當陌生的當地歷史地理風土人文講得生動迷人，讓聽眾聽得津津有味，現場反應熱烈。不難想像他事前做了多少功課，Eric認真的態度，使我想起當初踏入旅業擔任領隊的時光，講座會後忍不住對他說：「你很像年輕時的我」，做為肯定與鼓勵。

　　Eric從到職到我看到他在講堂侃侃而談，其實已經過了兩三年。這段期間，他除了設計規劃團體旅遊行程外，同時產製內容、舉辦講座、經營粉絲、培訓領隊、推廣行程……幾乎大小事全都一手包辦。我從Eric直屬主管那得知，他在公司第一年開發的中南美洲團體旅遊行程業績不甚理想，讓自律甚嚴的他相當挫折，但主管始終充分信任與全力支持，加上調整設計策略從「多國」改為「單國」後，終於在2012年底成功出了兩團秘魯團，之後每年成長，2013年11團、2014年20團、2015年25團、2016年30團……Eric繳出亮眼的成績單，更博得「玩美南人」的封號。而讓我肯定的是不僅在遊客人數增加，還有Eric所帶的團成功吸引到年輕族群，突破中南美洲旅遊客群年齡層偏高的市場常態，更重要的是，他實踐了我提倡已久的「以精準『內容』經營分眾『社

群』來帶動『商務』」營運模式。

　　近年來我推動集團發展的方向，要讓「雄獅」從旅行業轉型到生活產業，將過去服務「人的移動」轉為促成「聚眾」，而如何「聚眾」的關鍵就是「興趣、偏好」，讓志同道合的人一起旅行，旅途中分享所見所聞所體驗，是何等的美好呀！我知道Eric帶的團不僅滿意度高，團員回國後還持續聚會，真正成為朋友，我想正是因為Eric具備「達人特質」發揮凝聚人心的作用，讓遊客在旅途中的美好體驗感受一直到行程結束後還有餘韻不絕。

　　雄獅集團致力培養「對旅遊有主張，對生活有感」的新一代旅業人，他們不僅要對旅遊必備要素具備控管專業能力，更要樂於追求「食衣住行吃喝玩樂」等生活面向的感受與體會，藉以充實自身的知識與經驗，才能帶著遊客用五感來享受異國生活。而我認為Eric正是理想中的新一代旅業人。

　　Eric從大學時期就開始帶團導遊，2011年加入雄獅集團後，將自己對中南美洲旅遊玩法的主張成功擴散傳遞出去，而雄獅集團運用組織分工的力道，讓Eric從過去單打獨鬥變成團體作戰，逐漸形成產業鍊及生態系，我期許有朝一日能成就中南美洲旅遊的「Eric經濟圈」！

　　正因為Eric已擁有團隊合作的支持，才能將他天生具備對中南美洲文化獨特見解與體會的優勢做價值最大化的發揮，也使得他能往更高更寬廣的領域去追求自我實現，正如完成這本個人首部著作《古巴，你好嗎？》，我不僅為Eric高興，更同感驕傲，希望Eric與雄獅集團持續耕耘中南美洲這片旅遊生活樂土，讓更多華文旅人享受拉丁美洲文化的豐富美好。

我怎能不推薦這本書呢！

作家、廣播電視主持人／蔡詩萍

我沒有理由不推薦這本書的。

因為作者Eric（苗啟誠）是我第一次踏上古巴之旅的領隊，而且讓我對他，對他的敬業與專業，對古巴，都留下美好的印象。

十幾天的行程，來去都長達三十多小時的搭機轉機，的確比一般旅行辛苦多了，但，非常值得。

我是政治學出身的，至今還不時透過閱讀，想把古今政治思想以及現實世界的政體，做一些思辨上的對照、理解，當成我日常的休閒樂趣。

古巴，這個勇於與美帝對抗數十年的加勒比海小國，有著一臉大鬍子滔滔雄辯的獨立英雄卡斯楚，有著英年早逝卻成為舉世叛逆象徵的傳奇人物切‧格瓦拉，有著研究公共決策理論時常常拿來當題材的古巴飛彈危機（電影《驚爆十三天》的主題），甚至，我這老文青最愛的兩位諾貝爾獎小說家海明威、馬奎斯，都是與古巴有深厚淵源的大作家，我之前與太太在東南亞旅行時，愛喝的調酒之一Mojito，更是源自古巴以蘭姆酒為基底！因此若有可能，我怎麼能放棄一親古巴芳澤，一探古巴堂奧的機會呢！

2017年4月我終於與妻子成行了。

時間在美國總統訪問古巴之後，時間在卡斯楚剛剛過世不久之際，我知道是該去了，不然，未來的古巴不知會有怎樣的變化，畢竟，在我們啟程的同時，好萊塢電影《玩命關頭8》已經敏銳的觸覺到古巴的變化了，於是在哈瓦那拍攝了片子一開場便聲光效果奇佳的一場濱海大道的飛車追逐戲！（亦即Eric書中描述的，他晨跑奇遇的馬雷貢濱海大道。）我們再不去，不知古巴會怎樣的迎向她的未來呢！

古巴當然是迷人的。長期與美帝對抗，換來長期的禁運封鎖，古巴人的樂天知命，長於在有限條件下，鑽營生計的本領，最精采的莫過於，看似色彩奪

目，造型復古的骨董計程車，卻是各種可能使用零件的二手大雜燴。《玩命關頭》裡，賽車結束，那位魔鬼筋肉人馮迪索對他的古巴友人說：「千萬不要改變你們現有的！」

然而，任何人都可以合理預測，變，才是王道。我們愛旅行的人也知道，要想留戀時間膠囊裡的古巴，此刻你得把握機會！

Eric絕對是位中南美洲的旅遊達人，不僅僅他出生於阿根廷，精通西班牙語，且主修的就是觀光專業，而是，他有一股渾然天成的魅力，開朗、善良，帶一絲絲慧黠的，迷死人不算錢的眼神與笑意。

專業的部分，我就不提了，（哪一位稱職的領隊不該具備這條件呢？）我要多講一點的是，他有知道何者不該為，何者當所為的勇氣。

我印象深刻，行程中有一處海上海豚公園。Eric表明了他必須有此安排，不過，他由衷的感嘆海豚天性自由活潑，通曉智慧，圍在人工豢養的海域裡，實在滿殘忍的。那是我對他印象很好的一次，我們人生的舞台上，有很多角色扮演，角色需求常常互相衝突，我們為了工作有時別無選擇，不過在可以選擇的情況下，我們若保有初衷，保有熱情，持之以恆，總能在亂軍之中，透顯出屬於個人的特質與才情。

我是這樣看待Eric的未來的。

他絕對是個好年輕人，他的風格明亮，他的文字簡潔生動，他的觀察深入細微，他的領隊氣質提綱挈領，不緊不鬆。跟他出遊，只有一個詞能形容：愉悅！

對，正是愉悅啊！所以我開心看完他的人生第一本書。

正是愉悅啊！所以，我準備明年再跟他走一趟拉丁美洲了。

正是愉悅啊！所以，我希望你也跟我一樣，透過這本書，透過他的眼睛，深刻認識古巴這個時間膠囊裡，動人的加勒比海國家。

最專業的旅人

網路媒體《旅飯》旅行長／工頭堅

「這世上有兩種旅人,一種是去過古巴的,另一種是嚮往去古巴的。」——許多年前,從電影《1492》、《哈瓦那》、《樂士浮生錄》,以及關於卡斯楚,還有毫無疑問的,切·格瓦拉的觀看與閱讀中,不斷累積著對於古巴的嚮往。這個彷彿在時光膠囊中的國度,在台灣,卻有很長一段時間,在一般人心中,是個遙不可及的目的地。自從我進入旅遊產業,也成為一名國際領隊之後,便抱持著終有一天,要前往這個國家的渴望;但這所有的嚮往,都必須等待一個緣分,或一個人的出現。

當Eric成為我在旅行業的同事時,我感覺到那個Moment終於來到了:畢竟,這麼一個陌生、遙遠,而且缺乏基本資訊的國家,要規劃行程已屬不易,更缺乏精通西語的人才,去扮演開路先鋒的角色。我提出心目中理想的古巴行程,而Eric讓它成為可執行的現實,並且親自帶領,證明了古巴不僅是可以抵達,而且極具市場潛力的精采國度;也由於Eric親自帶領「首發團」前往,我得以追隨他的步伐,也帶著一群和我有共同嚮往的朋友,兩度前往這夢中的國度。

就實務面而言,除了長年研究或居住在當地的學者或作家,我不知道還有誰比Eric更適合書寫古巴;也期盼因為這本書的面世,讓更多人得以親近這加勒比海島國的面貌。

自序

在故鄉阿根廷首都布宜諾斯艾利斯大學主修觀光系的我，畢業後自然也開始當起導遊，接待來自世界各地的旅行團，帶著大家走訪阿根廷的名勝古蹟、解說當地人文歷史，遇到了來自台灣、大陸、新加坡、馬來西亞等地的華人旅行團，結識了不少朋友。大家除了肯定我的服務品質外，也對我這個從小生長在阿根廷的華裔青年備感親切，當時不少領隊都問我是否有興趣到亞洲國家，例如台灣工作。

當時的我還未曾來過亞洲，對這樣的提議也沒並沒有太大興趣，對我來說這裡又遙遠又陌生，甚至需要折磨人的三十個小時的飛行時間才到得了，簡直就是天涯海角。

台阿一線牽

2010年2月，台灣雄獅的環遊世界團抵達阿根廷首都布宜諾斯艾利斯，由我負責接待；由於這一團是搭郵輪行動，只有一天的上岸時間，我把握著緊湊的時間賣力地帶著大家導覽這座城市的一切、走遍每一個角落，希望透過詳細解說，讓團員們對阿根廷留下深刻而美好的印象，成為這趟世界之旅的亮點。

當傍晚行程結束，大家登上郵輪，船也已駛離港口的那一刻，我接到了領隊的電話。

「Eric，我們這一團跟你聊得很愉快的那位廖先生剛剛告知我，他的相機應該是遺落在遊覽車上了，能不能請你幫忙找一下？」領隊在電話裡焦急地說著。

我趕緊聯絡遊覽車公司，請他們派人去找，還好那台銀色相機就在座椅底下，所以沒有被撿走。一拿到相機，我趕忙回電給那位領隊，並轉給廖先生接聽。

「不用擔心，相機找到了！今年5月的時候我會去台灣旅行，到時再幫您送去！」

「不、不、不！你直接幫我寄過來！」

「大哥，沒關係啦，反正再三個月我就到台灣了，這樣你也可以省下一筆運費！」

聽我這樣回答，這位團員接著說：「運費不是問題，還是麻煩你現在就幫我寄回台灣吧！到時候我再把錢補給你！」

我想這台相機裡面應該有著這位大哥環遊世界、滿滿的回憶吧，所以他才迫不及待地要拿回相機。於是我幫他用DHL寄回台灣。也因為這樣的緣分，三個月後我到達台灣，他特地招待我到台中玩了好幾天，同時也鼓勵我在台灣多走走、看看，甚至還透過之前跟團的領隊，安排我與雄獅旅遊的主管見面。

拗不過這位大哥的一番好意，我便跟當時的雄獅旅遊主題部門主管（也是我現在的主管游國珍總經理）見面，他當下就叫我下個月來上班；那時的我壓根沒想要留在台灣工作，於是便直接回覆他，「真不好意思，我只是來台灣度假三個月，不是來找工作的。」

然而，回到當時租的小套房後，我仔細想想，與其在阿根廷日復一日地帶團導覽、走同樣的景點、講同樣的故事，不如來台灣闖一闖，嘗試新的工作，做些不一樣的事情！

「好吧，來台灣挑戰自己有多少能耐，或許也是一個不錯的選擇，試試看好了。」我心裡這樣默默地決定著。

就這樣，接下來一個月我沒有安排任何度假行程，反倒是每天勤跑移民署、勞委會，打聽一個外國人要具備什麼條件，才能留在台灣工作。回到阿根廷後，我辭去工作、處理了各種繁瑣的手續，與家人、朋友以及生活了二十七年的國家道別，千里迢迢地帶著兩個皮箱就這樣來到了台灣。

2011年初，我收到了台灣移民署核發的台灣居留證，就此展開全新的生活。

達人帶路，我是玩美南人

決定定居台灣後，我的第一個目標就是準備每年3月舉辦的外語領隊考試。在阿根廷我的身分是導遊，接待來自世界各地的旅行團、負責當地的景點導覽；至於領隊則是帶著旅行團出發到目的地，負責全團在旅途中的食宿、交通，有時還得身兼導遊，介紹當地的名勝古蹟和文化歷史。既然我來到台灣，

取得台灣核發的領隊證就變成了我的第一步。

原本我期望自己能有機會擔任歐洲領隊，帶團到歐洲各國，只是雄獅的規模實在太大了，光歐洲領隊就有數百人，很難有我的立足之地。主管建議我，「既然你是從阿根廷來的，那就負責設計開發中、南美洲的行程吧！以後有機會，再以中南美領隊身分帶團。」

於是，領隊夢一秒破碎，2011年7月我正式進入公司，擔任產品企劃，負責開發、設計旅行團的行程，從團員搭哪家航空公司的飛機、去哪裡玩、住哪裡、搭什麼交通工具，所有吃喝玩樂等大小事都要規劃；另外還包括如何行銷產品、如何呈現網頁內容等，這些都是產品企劃的工作項目。

當時中、南美洲對台灣旅遊市場來說相當冷門，一年內會去那邊的旅遊團可能用十根手指都數得出來；而像雄獅旅遊這樣極具規模的公司，當時也只有環遊世界團會在中、南美洲待上幾天。

為了讓台灣人更了解中、南美洲的好山好水與獨特的人文歷史，我不停地上網找資料、聯絡當地的旅遊同業，並利用自身經驗與知識，希望能設計出有別於市面上、獨特、有創意又兼具深度的行程，讓團員不會因為三十多個小時的飛行時間而裹足不前。

我設計的第一個中、南美洲團，包括巴西、阿根廷及秘魯三個國家共十五天的跨年行程，售價33萬，但最終並未成團，一開始的自信心頓時受到打擊。當時公司內負責中、南美洲市場的只有我一個人，我決定改變策略，走出一條與市場主流不同的路：我每天瘋狂於埋頭規劃行程，一口氣設計了好幾個以單一國家為主而不是多國的旅遊行程，希望提供單國深度旅遊、同時整體天數與花費更低的行程，降低參團門檻，讓台灣人能有更多機會從多個面向去認識這些國家，而不是僅止於走馬看花、拍照打卡而已。我也到處找尋機會舉辦免費講座，只要有場地、有聽眾，我一定到場積極介紹「單國深度旅遊」的概念與行程。

終於，經過了一年半的努力，2012年底，中、南美單一國家深度旅遊首發團——十六位團員的「秘魯十四天之旅」終於成行。我永遠不會忘記當時的感動。我彷彿如釋重負一般，也向市場、公司、家人證明：我做到了。

隨著雄獅的中、南美洲深度旅遊行程逐漸打開市場、建立口碑，我也以「玩美南人」（取諧音，帶領大家遊玩南美的意思）這一稱呼漸漸在業界打開

（照片提供：徐憶如）

知名度，公司也成立了一個團隊，專門開發中、南美的旅遊景點；2013年底我將目標瞄準到一個人文、歷史更豐富、充滿爭議性的國家——「古巴」！

　　相較於其他中、南美國家，台灣人對這個遭受美國打壓與經濟制裁長達數十年的共產國家，感覺遙遠而神秘。原本期望公司可以支持我實地到古巴考察，進而規劃出彰顯當地人文風情、富含教育意義的行程，但可惜考量到古巴過於冷門而作罷。儘管如此，我們團隊還是利用手邊有限的資源，透過書籍、上網蒐集資料、聯絡古巴當地機構，設計出了台灣第一個古巴深度單國行程，並大力推廣宣傳。

　　2014年6月，台灣旅遊史上第一個單國古巴團正式出團，由我帶著十多位團員出發到古巴，進行為期十三天的深度旅遊。

　　從那一年開始，我就像是與這被美國封鎖了五十多年的島國結下不解之緣，深深地被它曾經的輝煌，如今的破敗，以及古巴人堅韌的生命力與樂觀熱情的民族性所吸引。古巴就像是一個披著面紗的女郎，當你仔細去欣賞，你會發現它純樸卻又美麗動人，低調卻又充滿魅力。

　　如今這個緯度與台灣基本上相當的國家，正在經歷巨大的政治、經濟改變，導致這個像是停留在五〇年代般的社會主義國家，快速流失原有的風貌：老建築被拆、華麗古董車減少、物價上揚、外國遊客爆量……當然，未來當地網路會更便捷、飯店會更新穎舒適，說不定還會出現麥當勞或星巴克。不過，到時那也就不是我們心中的古巴了，而是被資本主義滲透的旅遊勝地。

　　2014年帶完那一團後，我在心中默默許下願望，希望每年可以至少去一趟古巴，親眼目睹對於我們旅人來說是無奈，但對於古巴人來說卻是轉機的改變。我不只想當歷史的旁觀者，更想當一個參與者。

　　當最後一位訪問古巴的美國總統在1928年離開後，古巴等了88年，終於在2016年3月21日，盼到了歐巴馬的出現。當空軍一號降落在哈瓦那機場跑道時不到五分鐘，歐巴馬透過個人Twitter帳號特意用很在地的古巴俚語寫了一句「¿Que bolá Cuba?」，意思為「古巴，你好嗎？」。

　　以這句問候為書名，我把這幾年來的觀察、感想、體驗，一一的分享給你，希望在了解古巴後，在未來你有機會親自踏上這座在1492年哥倫布曾形容為「這一輩子看過最美的天堂之地」。

★ CONTENTS ★

1

世界上唯一擁有
兩種貨幣的國家

換外幣是出國旅遊前必做功課之一。假設你訂了去古巴的機票、住宿，也規劃了在古巴的行程，亦或是參加「玩美南人Eric」的古巴旅遊團，即將跟著我前往古巴，在出發前你一定會想知道：

　　「在古巴使用哪一種貨幣？」

　　「古巴真的有兩種貨幣嗎？有什麼差別？」

　　「古巴貨幣在台灣可以換到嗎？在古巴哪裡可以換錢？」

一個國家兩種貨幣

　　從殖民時期至今，在古巴流通的貨幣還真不少。從西班牙人在1492年發現古巴到1898年古巴獨立，西班牙幣是古巴主要的貨幣，但是到1898年獨立戰爭至1902年期間，古巴官方雖以西班牙幣為主，也同時使用法國金幣以及美金。1902年至1959年則使用古巴披索（Peso Cubano，簡稱CUP），但由於當時經

色彩繽紛的敞篷古董車聚集在哈瓦那革命廣場旁的畫面，其實都是觀光客用CUC堆積出的假象，當地人沒有興趣也沒有能力來湊熱鬧。

濟高度依賴美國，所以美金不但用於對外的貿易往來，同時也能在古巴境內使用，甚至許多古巴人還會去銀行設立美金帳戶。

1959年共產政府上台後，許多企業與個人紛紛把銀行的美金存款移轉至國外，導致古巴披索在國際貨幣市場匯率走弱，卡斯楚開始禁止美元在古巴流通。

1994年蘇聯解體，古巴陷入經濟危機，為了賺取大量外匯，政府開放外國人到古巴觀光，除了原有的古巴披索CUP之外，又發行了另一種貨幣，簡稱為CUC（Peso Cubano Convertible，中文翻譯為「古巴可兌換披索」），1 CUC大約等於25 CUP、或是1美金左右。

CUC為外國人在古巴使用的貨幣，但只能在古巴境內使用，國際上並不承認。古巴政府透過CUC貨幣的發行，取得外國人帶來的美金、歐元等現鈔，再用這些貨幣向其他國家購買糧食、石油、醫藥等物資。不過，從2011年開始，古巴政府為了報復美國在經濟上的封鎖與禁運，針對美金兌換CUC，額外徵收10%的兌換稅，所以1美金只能換到0.9 CUC，再加上3%的銀行手續費，1美金最後只能換到0.87 CUC。建議大家在古巴不要以美金兌換，而是用其他外幣，例如歐元、加幣等，免除10%的兌換稅。

貨幣造成階級之分

在全世界一百九十幾個國家裡，只有古巴同時使用兩種官方貨幣。

古巴社會由於CUC貨幣的出現，人民漸漸被迫分為兩類族群，一類的主要收入來源是CUC，另一類則是賺取CUP。原本應是高收入的專業人士，像是工程師、醫生、律師、大學教授或是公務員，月薪只有大約500 CUP，但若從事服務業或與旅遊相關、常與外國人接觸的行業，賺的是CUC，月薪大約400 CUC。乍看之下，差距似乎不大，但幣值卻整整相差了25倍，這對古巴人民來說，是何等殘酷的現實。

也因為如此，許多公務人員、知識分子及其他專業人士為了賺取較高薪資，只能放棄原本的工作，轉職到旅遊休閒業或服務業，當導遊、司機或是餐廳服務生。政府機構為了防止這樣的現象，近幾年也多次調整薪水，據說目前

薪資最高的公務員月薪大約900 CUP，但算算也只有36 CUC，連要買3公斤的牛肉都不夠呢！

通常CUP只能用來支付水電瓦斯、交通費等，但去超市或咖啡廳、夜店消費、辦護照、手機上網、租車、搭計程車以及購買電器商品等，全都得用CUC，大多數民眾賺的是CUP，若要購買其他物品，得去兌換CUC才能消費。

到底在古巴生活每個月要花多少錢？我提供一些民生必需品價格供大家參考：

- 牛奶 2.5 CUC／每公升
- 米 3.15 CUC／每公斤
- 葵花油 1.5 CUC／每公升
- 雞蛋 1.80 CUC／12顆
- 牛肉 17 CUC／每公斤
- 辦護照手續費 100 CUC
- 出生證明 20 CUC／一份
- 住宿哈瓦那四星飯店Habana Libre 275 CUC／一晚
- 機場離境稅 25 CUC／每人
- 手機通話費 0.35 CUC／每分鐘
- 網路卡 2 CUC／每小時

實行共產制度的古巴，每個月都會提供糧食補助給人民，讓他們能以較低的價錢去兌換牛奶、蛋、肉等食物或是繳交水電瓦斯費，但這樣的補助只是讓人民餓不死，卻無法保證可以吃得飽，所以還得再額外購買食物，而這些食物多以CUC計價，昂貴得驚人。

舉個例子來說，一個普通的古巴公務員月薪500 CUP（約20 CUC），為了幫還在發育中的孩子補充一些蛋白質，想買瓶牛奶回家，可是當他到超市的時候，發現一公升牛奶要價2.5 CUC，相當於月薪的12.5％。

曾有個古巴人跟我抱怨，如果CUC的設置是為了讓政府賺取外國觀光客的美金，那麼為何古巴人除了基本開銷外，無論是去超市買雞肉、去店裡買鞋

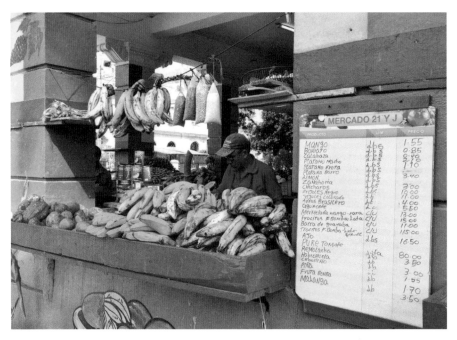

古巴與台灣南部緯度相當，氣候炎熱土地肥沃，適合種植水果，但全國得聽從政府決策該種什麼，因此種類並不多。價格表儘管沒有顯示使用哪種幣別計價，單看數字可猜出是CUP，非常便宜。

或上網，都得以CUC支付呢？這些拿CUP薪水的百姓，收入微薄，還必須以高昂的價格去取得原本應該享有的基本必需品，根本就是被政府剝削。

他還問我，「你覺得CUC、CUP雙貨幣制度，導致現在這樣的情況，是國家政府無意間造成的呢？還是故意的？」

「從一個外國遊客的角度來看，我認為可能是當時政府在1994年實行該措施時，沒有考慮到會造成這麼嚴重的後果吧！」我答道。

他看著我，斬釘截鐵地說：「你錯了，這些後果其實都在政府的算計之中！」

「為什麼？」

「當人民收入少得可憐，連最基本的雞蛋跟肉，都要想盡辦法才吃得到，甚至白天上完班，還得盤算晚上要去哪裡兼差，才可以餵飽一家人，連基本的生存需求都無法被滿足時，根本不會想到民主這件事，也不會去思考，身為古

哈瓦那老城區充斥著各種西班牙殖民豪宅、軍事堡壘、教堂、步道,以及咖啡廳與餐廳,這些地方只有外國遊客消費得起,當地人望塵莫及。(照片提供:蕭潮州)

巴人應有的基本權益與自由,而政府就是用這些手段來控制人民。」

　　他這番話講得鏗鏘有力,只是我也替他捏了一把冷汗,畢竟這裡仍是獨裁專制的共產國家。

　　記得剛開始帶團來古巴,認識了一些當地年輕人,有人這樣說過,「在古巴根本無法只靠月薪過活,我也想更樂觀地為未來打算,可是身處於共產社會,所有的資訊都被封鎖,我完全不知道未來會如何?這種貧困的日子何時結束?現在能做的就是按照政府的政策走一步算一步,默默等待,我無法想得更遠,我的未來就是明天,我的夢想就是今天能多賺點錢,好讓我能夠生存下去。」

　　這個年輕人的說法,恰巧呼應了那位古巴人的說法。的確,對古巴人來說,能多賺些錢活下去就很開心了,自由與夢想距離他們非常遙遠。

廢除CUC，可能嗎？

　　其實古巴政府也很清楚，人民領這樣的薪水很難生存，要不是依賴國外親戚家人的接濟，就是靠觀光旅遊業或是色情行業，甚至是貪汙來多賺點錢，才得以存活。正因為如此，勞爾‧卡斯楚在2006年成為古巴總統後，增加私人企業執照的發放數量，希望藉此提升古巴人民的生活水平。

　　勞爾‧卡斯楚在2011年更進一步提出希望逐漸廢除CUC，保留CUP，可是幾年下來似乎也沒看到什麼改變。廢除CUC在執行面來說其實很困難，首先人民的收入就必須重新計算，讓領CUP薪水與賺CUC的人享有同等的生活水平。

　　打個比方來說，如果廢除CUC貨幣，完全以CUP計價的話，前面提到的飯店住宿費一晚275 CUC（275歐元），就等於6875 CUP，相當於一個古巴人十三個月的薪水，也就是說他得十三個月努力工作、不吃不喝，才得以入住飯店一晚。

　　古巴到底何時才能廢除其中一個貨幣，又不會影響政局穩定與緩慢成長的經濟呢？這是個大哉問。

　　雖然廢除CUC目前看來似乎只是個口號，但至少在勞爾‧卡斯楚上台後，已經允諾以CUP支付各類生活用品及食物，也就是說超市、販賣進口商品的店家、電器用品店與服飾店等都可以使用CUP，或者是CUP、CUC兩種貨幣一起使用。比方說買東西時，CUC現鈔不夠，不足的金額可以用CUP支付，如此一來，人民無需再花時間去銀行或兌換所（Cadeca）排隊換CUC現鈔，也讓他們的生活便利許多。

　　每次到古巴，只要一有機會我就會問隨團的司機或導遊：「既然生活不易，你們為何不離開古巴？」或許因為司機、導遊常跟外國人接觸，賺的是CUC現鈔，所以得到的答案多半是「為什麼要離開？」但一般的古巴人可能就沒這麼好過了，情況好一點的，外國有親戚接應；如果想離開的人，也得有勇氣放棄一切，到國外冒險。大多數人最終還是會選擇留在這個小島上，過一天算一天。

古巴貨幣Q&A

古巴貨幣複雜無比，身為遊客到底要注意哪些事情呢？我整理了一些觀光客常問的問題，供大家參考。

1. Q：CUC與CUP的匯率是多少？

   A：CUC與CUP的匯率通常是固定的，1 CUC等於25 CUP。

2. Q：觀光客可以在哪裡將外幣兌換成CUC？

   A：

   a.銀行：匯率是最好的，但通常都大排長龍。

   b.Cadeca古巴兌換所：政府設置的，機場也可以看到，匯率或許沒銀行好，但很方便。哈瓦那國際機場裡就有兩個兌換所，分別位於一樓及二樓，但是必須拿護照才可以換錢。

   c.飯店：匯率差，但對觀光客來說卻是最方便的，兌換時也無需出示護照。

   d.街上：匯率最差，而且可能會被騙，因為許多觀光客對鈔票外觀並不熟悉，很有可能兌換回來的CUC現鈔裡，會夾雜CUP。

3. Q：如何分辨CUC跟CUP鈔票？

   A：CUC鈔票上通常印的是古巴知名建築物，CUP則是古巴歷史人物。CUP較為老舊，但設計得很漂亮，而CUC則像是玩大富翁的假鈔，設計感不佳。CUC的面額除了1、5、10、20、50、100元之外，還有罕見的3元面額；同樣的，CUP也有3元面額的鈔票。

4. Q：美金是全球通用貨幣，直接帶美金去兌換可以嗎？

   A：若以美金兌換CUC，會額外徵收10%的兌換稅，因此建議大家去古巴時不要帶美金，可以帶加幣、英鎊或歐元（最方便）兌換。

5. Q：為什麼一定要換CUC？

   A：CUC可以支付飯店、計程車、長途巴士、私營餐廳、酒吧、當地的旅遊行程、網路費用，而且大多數的商店也都收CUC。此外，古巴店家或飯店並不收任何外幣，只能以CUC或者CUP支付。

古巴人平常光顧的商店數量跟品類，十根手指都數得出來，且價格高昂，生活辛苦程度由此可見。

6. Q：在古巴可以使用信用卡、金融卡嗎？

   A：可以，但古巴並非每個地方都接受信用卡，飯店基本上可以刷卡，但其他地方，例如餐廳與商店，大都只能付現金，因此在古巴旅遊時，身上還是得多帶些現鈔，以免發生無法付錢的窘境。目前美國信用卡公司發行的卡無法在當地使用，而就算手上信用卡可刷，手續費也不低。順帶一提的是，大陸的銀聯卡在古巴是可以使用的，這點令我相當訝異。

7. Q：觀光客可以換CUP嗎？

   A：可以。雖然遊客會去的地方都以CUC為主，但建議仍可換一些CUP帶在身上，購買當地人吃的小吃、飲料，或是搭乘古董計程車、公車等，你會發現原來當地人的消費這麼便宜。

8. Q：購物時，用CUP付錢比較划算嗎？

   A：通常這兩個價錢換算後一定是相同的，例如5 CUC，另一個標價就

如何分辨CUP跟CUC？有建築物的即是CUC，使用頭像設計的則是 CUP。去古巴旅遊要特別小心不要被騙，畢竟兩張面額都是20，但價值相差大約25倍！

在外國人眼中最具收藏價值的，莫過於這張頭像是切・格瓦拉的3元面額CUP鈔票。儘管真正價值只有0.12 CUC，遊客們仍願意付出高出好幾倍的價錢當作收藏品購入。

是125CUP，不會有兩種價格同時出現的情況發生。如果上面只寫5元，沒有標註幣別時，那得依照物品的價值來判斷，若是果汁一杯5元，那絕對不是CUC，而是CUP；或是若一隻烤雞標60元，通常應該是CUP，這時就可以把CUP拿出來使用。此外，有時遊客以CUC付款，但店家找錢時可能會給CUP，記得要確認找回的零錢幣別，以及金額是否正確。

9. Q：在古巴搭車如何計價？

A：哈瓦那街上有很多古董車，牌子上面寫著TAXI，你只需要在路邊招手，詢問司機是否有到目的地，就可以議價。車資通常以CUP計算，非常便宜。至於觀光客常搭乘的椰子計程車市內移動大約8元，三輪車則是5元，皆以CUC計價。如果剛好碰到司機要下班的時候，或許有機會用CUP計價，省下不少車資。

10. Q：在古巴使用CUP的機會多嗎？

A：端看你所在的城市是否觀光化？例如哈瓦那、千里達這種觀光城市，用CUP機會較少，愈往東邊走，像是聖塔克拉拉，CUP派上用場的機會就愈多。

11. Q：離開古巴時，CUC要怎麼處理？

A：由於國際上並不承認古巴貨幣，除了留作紀念，其餘的CUC/CUP請務必換回來。還有，最後要記得留25 CUC做為古巴的離境稅。

12. Q：在古巴要付小費嗎？

A：古巴當地沒有付小費的習慣，但遊客會接觸到的飯店、計程車及導遊，通常還是得付小費。比方說，參加半日遊行程，可以給導遊、司機1、2元CUC，或是飯店住宿時，在床頭放1 CUC小費，到餐廳吃飯則是支付消費總額的10%做為小費。如果是街上的小店家，就不需要再額外支付小費。

在哈瓦那老城區有兩條很有名的老街，分別是Calle O'Reilly以及Calle Obispo（calle是街的意思），有些住家或是政府開的小商店，會在面向街道那側，開個小小窗戶販賣便宜果汁、披薩或三明治，皆以CUP計價。一杯咖啡大約1 CUP（0.04美金），一杯好喝現打果汁賣5 CUP（0.2美金），一片pizza則

是10至20 CUP（0.4~0.8美金），這樣的價格若換算成台幣，真是便宜到令人傻眼。

　　雖然大多數古巴店家接受同時使用兩種貨幣，但是並不包括冰淇淋連鎖店 Coppelia。由於這家冰淇淋店當初是卡斯楚特地為古巴同胞設立的，顧客以當地人為主。店家門口都會有警衛守著，當地人有自己的出入口，以CUP消費。遊客也有專門的入口，但得花上好幾倍的價格購買，而且必須支付CUC。我常看到有些西方遊客為了省錢，故意喬裝成當地人混在其中，但我們這種東方臉孔，就只能乖乖地多付些錢了。

　　在古巴，兩種貨幣並行，導致人民所得差距急遽拉大，大家一樣辛苦地工作，領CUP獲得的回報少了許多，不只不公平，整個社會就這樣無情地被分裂，財富金字塔完全顛倒。如果真要改善古巴的經濟與社會環境，除了卡斯楚提出的單一貨幣政策之外，更重要的是讓經濟更加自由開放，允許古巴人能自行創業，用自己的努力賺取應得的收入，並且加速與國外的交流，但這卻不是古巴政府願意看到的。

位於哈瓦那的地標之一國家飯店大門口，盡是準備服務外國遊客的敞篷古董車。在這裡，你看不到古巴當地消費者。

2

網路是比黃金
還珍貴的奢侈品

有一次我在古巴街上閒逛，走進了一家咖啡廳，打算喝杯咖啡、略作休息。點完咖啡後，隨口問了服務生這家咖啡廳的WI-FI密碼是多少。當時服務生滿臉狐疑地看著我，我才赫然想起，自己不是在台灣，而是在全世界網路普及率最低的古巴。

在古巴，只有政府學校或是公家機關才能使用網路，一般老百姓只能買政府發行的網路卡，然後還得到指定的熱點才可連上網，通常這些熱點會在各城市的廣場或是飯店。古巴政府號稱目前全國有超過60個Wi-Fi熱點，也就是說，古巴的15座大城市裡，每個城市大約已有三到四個廣場提供上網熱點。

除了要到指定的熱點上網之外，當手機連上網後，還得輸入兩組帳號、密碼，上網費用一小時最貴高達6 CUC， 2016年降到每小時2 CUC（折合台幣為70元左右），2017年則部分銷售點降到了1.5CUC。雖然費用已逐年下降，但對當地人月薪只有20~25美金，上網一小時，就要花掉他們大約十分之一的薪水，這代價可是相當高昂。

或許有人會問，古巴沒有提供3G或4G上網嗎？沒錯，目前全古巴有三百多萬支手機，但仍停留在2G通訊。目前台灣人出國旅遊習慣租借的網路分享器，在古巴仍然無法提供服務。

古巴網路發展落後

1996年8月22日，古巴有了第一個網路，是由一家名為SPRINT CORP的美國供應商所提供，網路速度只有64kbps，需要透過電話撥接上網，僅限於政府部門使用。

到了2006年，全古巴約有40萬台電腦，等於每100人就有4台電腦，只不過，這些電腦仍然都聚集在國營單位、政府機關、學校、銀行或工廠等，而非一般老百姓的家裡。此外，這些電腦雖然可以上網，也未必都能連上外面的internet（外部網際網路），大部分還是只能連到intranet（內網）；唯有如此，古巴政府才能夠全面控制所有的資訊流通。以醫院為例，雖然醫院的電腦可連接到外面的網際網路，但大多只能連到醫學相關網站或是結尾為.cu的網址。在政府嚴密監控之下，全古巴大約只有2,000個網站，而且大多隸屬於國

外國旅客面對最大的問題，莫過於古巴的網路慢又昂貴這一事實。在古巴上網必須先購買網路卡並找到特定熱點，登入系統方可上網。

家單位或是國營媒體。

1996年到2011年這段期間，古巴的網路皆是透過衛星連接，上網速度非常慢，連到一個網頁就得花好幾分鐘，更不用說觀看影片了！想像一下，如果上網看影片要透過電話撥接，還得等上5-9個小時下載影片，你有辦法忍受嗎？

這樣的情況一直到2011年，因為古巴政府准許委內瑞拉協助建造光纖網路，而逐漸獲得改善。2014年「古巴國營通訊公司」（Empresa de Telecomunicaciones de Cuba S.A.，簡稱ETECSA）開始對外販售網路卡，讓人民也有機會接觸網路。只不過，昂貴的網路卡並非每個古巴人都能負擔得起，也因此古巴人民上網比例只有3-5%，是全拉丁美洲甚至全世界上網比例最低的國家。

政治箝制網路發展

古巴網路發展速度緩慢，沒能跟上其他國家的腳步，原因出在哪裡呢？是科技或經濟的關係，還是政治因素呢？

菲德爾‧卡斯楚之前曾把古巴緩慢、龜速的網路發展歸咎於美國的禁運政策。他對人民宣稱，美國的海底電纜離古巴海岸線只有32公里，一點也不遠，但卻因為這項禁運政策，讓美國境內的網路公司被禁止與古巴合作，無法安裝網路設備，導致古巴的網路又慢又貴。在我看來，雖然古巴無法從美國得到建構網路的基礎設備，但仍可以從其他友邦國家，例如中國取得支援，所以卡斯楚這樣的說法並沒有任何說服力。

一九九〇年代是古巴的「特殊時期」，由於蘇聯解體的關係，當時要取得足夠的物資是非常困難的一件事，但看看古巴附近的國家們，例如宏都拉斯、薩爾瓦多，他們的經濟都比古巴落後，依然能提供先進的網路環境，如果硬要歸咎於經濟因素，似乎也說不過去。

其實，政治因素才是關鍵所在。

這個存在五十多年的共產政府至今仍維持著鎖國狀態，竭盡所能地不讓人民接觸外界的訊息。卡斯楚認為，網路就像是希臘神話中的特洛伊木馬，會把西方思想引進古巴，危害自己的統治權。他甚至認為，那些熱門的社群網站，

儘管目前網路卡已經降價不少，對於古巴人來說上網仍然是種奢侈。不上網的民眾，最喜歡的休閒活動就是坐在家裡觀看窗外來來往往的路人。

例如FB或Twitter，都是CIA（美國中央情報局）用來滲透古巴政府的工具之一，所以這些年來，儘管網路世界蓬勃發展、資訊傳達無遠弗屆，卻到不了古巴這個情報封閉的國家。

歐巴馬上台後，為了修復美古關係，曾允許美國公司以1,800萬美金幫古巴架設海底電纜，建構基礎網路設備。這樣的金額，對古巴來說是一筆很划算的交易，只可惜當時卡斯楚認為這是美國的計謀，所以斷然拒絕了。直到2011年時，才花了將近7,000萬美金，委由古巴盟友委內瑞拉政府建造光纖網路，雖然比之前用衛星傳輸快了許多，但高達四倍的工程花費卻令人咋舌，唯一得到的好處，或許就是與委內瑞拉的關係更加緊密吧。

卡斯楚因為政治考量，導致古巴網路發展落後，這樣的做法滿足了他的個人利益，但卻替古巴帶來許多後遺症。舉例來說，古巴在醫療、生技方面的發展相當卓越，但學生們在做研究時卻無法自由地上網搜尋資料，只能去圖書館

翻閱一本本書籍與期刊；像銀行轉帳這類金融交易，可以靠著網路、幾秒之內就解決，沒有網路的話，難不成要帶著一大筆錢到銀行繳費嗎？

　　對於目前在經濟、社會等仍處於弱勢的古巴來說，網路可以做為一個強大的助力、加速各方面的發展，可惜的是，古巴政府至今依然抗拒著，人民也因此無法自由地使用網路，並享受網路帶來的各種便利與資訊。

每週二的神秘包裹

　　防堵資訊流通、箝制言論自由是共產國家一貫的統治手法，人民只能默默接受；但西方世界各式各樣的運動比賽、影視娛樂、電視、電影仍然深深吸引這些共產世界的人民，也因此，聰明的古巴人便發展出一種獨特的方式，來滿足這樣需求。

　　傳說每週二在古巴會出現一個神秘的USB包裹，當地人稱為El Paquete（西班牙文直譯為包裹），這個隨身碟裡面的內容包羅萬象，涵蓋了國際新聞、時尚雜誌、流行音樂、美劇、好萊塢電影，甚至是熱門下載的手機應用程式APP。通常這些內容會比西方世界慢一週，也就是說這週播出的影集要到下週才能看到，但古巴人民還是趨之若鶩。

　　由於網路取得不易，這個隨身碟裡面的影音、圖檔與APP，無法以email的方式傳遞，而是回歸到最原始的人工運輸。當每週二神秘的隨身碟釋出之後，便會有專人負責，以特急件的方式運送到古巴各大城市，再透過公車、鐵路傳遞到小鄉鎮，至於小鄉鎮之間則靠著腳踏車一處一處地運送。

　　有人可能會很好奇，這樣一個隨身碟要賣多少錢呢？我問過當地人，每個USB包裹大約20~50 CUP（折合1~2美金），相當於他們十分之一的月薪。我又接著問：「這值得嗎？」

　　他興奮地回答：「當然值得，我們每週一都滿心歡喜，像過耶誕節一樣的期待在週二收到包裹，這個小小的USB隨身碟可是我們吸收新知以及娛樂的主要來源；歐洲足球比賽、大聯盟比賽，還有好萊塢最新的電影、最熱門的電視影集、時尚八卦雜誌等，一直到目前排行榜上的流行音樂、電腦遊戲等，裡面通通都有，無論是男女老幼，全都愛死它了！」

我接著再追問這個神秘USB的「供貨來源」時，他只含糊地回答，這樣的隨身碟在市面上販售已長達五年之久，每個USB裡面除了有豐富的影音圖像之外，通常也會參雜著廣告。有人說是從古巴人移民最多的邁阿密傳來的，也有人說是古巴國內某個公家單位流出來的。不過，沒有人想去探究來源，只要確保能「正常供貨」，大家就滿足了。

　　「週二神秘包裹」受到全民歡迎、廣為流傳，儼然已自成一個產業鏈，難道政府不知道嗎？就我所知，古巴政府其實是睜一隻眼、閉一隻眼；誰叫古巴國內只有五個電視頻道，而且無論是新聞或娛樂節目，皆受到政府管制。

　　在古巴有句話說，「聽謠言比看新聞更真實」，也就是電視上的新聞全都是由政府操縱，往往不是真實的，反倒是謠言還有可能是真的，因為謠言之所以產生，一定是有人看到或聽到什麼才會傳開。這句話真切反應出古巴人民對政府的不信任。而那個神秘包裹不過印證了政府對資訊傳播的嚴厲管控，反倒讓人民更急切地想了解外面的世界，汲取最新的資訊。

對於年輕人來說，買張昂貴網路卡到城市裡有網路熱點的廣場或公園上網，是一種流行。

難忘的生日禮物

　　2016年7月，為了這本書到古巴尋找題材，我入住了一家有著六○、七○年代風格，也是當地最高級的五星飯店，與那座城市聖地牙哥德古巴同名。

　　在古巴每當住進一個新飯店時，我通常在check-in之後，便會順道去大廳的服務台買幾張網路卡，以備不時之需。但是一問之下發現這家飯店竟然沒有販賣ETECSA的網路卡，而是要使用飯店系統的付費網路，一小時索價高達5CUC。

　　我心想，「好貴！改天到其他地方再買吧。這兩天先找找看飯店周圍是否有公園或廣場熱點，反正我手邊還有兩、三張網路卡，應該還夠用。」

　　吃完晚餐之後，我來到飯店的大廳，想說出門前還是用自己的網路卡試試看吧（古巴的飯店只有在大廳才有網路，房間裡面完全收不到訊號，所以早晚常可以看到一堆飯店的房客拿著手機、筆電，全部擠在大廳「上網」）。

2016年去古巴自助旅行，在東邊城市聖皮里斯圖早上起床後的第一件事不是吃早餐，而是散步到對面的公園坐坐，因為這裡有上網熱點。

搜尋了半天，果然沒找到ETECSA的網路訊號，只有飯店的。於是我不管三七二十一，直接就連上飯店的網路，輸入ETECSA網路卡的帳號、密碼，試試看是否行得通，結果令人訝異的是，還真的可以連上網路。

懷著一顆感恩的心瀏覽完臉書、email、回了幾個LINE訊息，登出之前輸入的ETECSA網路帳號、密碼，我心滿意足地回八樓房間準備休息。就當我剛到達八樓、踏出電梯時，叮叮叮，我的手機竟然又收了到了好幾則LINE訊息，「怪了，我不是已經登出網路了嗎？」趕緊再確認自己的手機，發現原來無須輸入任何帳號密碼，就可以直接使用飯店網路！開心之餘，我又在電梯旁邊上了一下網。

隔天起床後發現手機的網路還是通著，到了二樓的餐廳也還是有網路訊號，讓我那天早上一整個雀躍，「我竟然可以在古巴免費上網！這真是最棒的生日禮物了！」

早上九點多，當地導遊Ailen過來接我，我急忙分享這個驚人的發現，她半信半疑地試了一下，果真如此，於是我們倆像是找到寶一樣又窩在大廳上網。

下午四點多回到飯店，我迫不及待地想要連上網路，但手機螢幕彈出視窗，要我輸入帳號、密碼。「天呀，到底發生了什麼事？」我試著用原本的帳號密碼登入，完全沒用，重新再開啟網路設定、搜尋信號也不行。失望之餘，我已懶得出門走路找廣場熱點，心不甘情不願地買了一張網路卡，打算晚上先用三十分鐘的網路，然後另外三十分鐘留到隔天。

第二天一早，正當我準備好好地用剩餘的半小時上網po文打卡祝自己生日快樂時，卻發現網路竟然不通！問了飯店服務台，他們只淡淡地說，飯店網路壞掉了，需要一些時間修復。無法上網的我，頓時覺得自己根本就是世界最悲慘的人之一。

就這樣，我安靜地度過了32歲生日，而我給自己的生日禮物，也就這樣白白浪費掉了。

古巴上網心得

在古巴旅行的這段期間，我住過飯店也待過民宿，有些民宿因為沒有網路，所以只能去公園或是廣場上網，所幸民宿離這些熱點走路大約都只需要15分鐘的路程，所以常常早上起床後，就先走到廣場上網，之後再回來吃早餐；晚上睡前也是先散步到公園上網再心滿意足地回去。每天這樣來來回回，只是為了要連上網路，與外面的世界聯繫。久而久之，也漸漸習慣為了上網要付出30分鐘來回路程的代價。

有陣子寶可夢這個手機遊戲在台灣極度盛行，各公園或是景點常常聚集許多人群低著頭、拿著手機在那裡抓寶。其實在古巴的公園、廣場也有類似的壯觀場面，總是會有一大片人在那裡低著頭、靜靜地坐著，但他們無法任意移動，還得把握時間、分秒必爭，利用珍貴的網路時數上網。

每次離開古巴到洛杉磯轉機時，手機連上了機場提供免費又快速的網路，聽到手機叮叮作響、臉書的PO文、LINE訊息通知即時湧進，頓時覺得與世界連結的感覺讓人有種安心感，也讓我深刻體會到有免費網路以及自由是多麼幸福的事情。

網路在台灣相當普及，無論是4G網路吃到飽，還是各商家、景點所提供的免費Wi-Fi，只要打開手機，就可以輕鬆連上網路，用臉書打卡、傳LINE、找資料，十分方便。當一件事情變得理所當然時，人們往往就不會再珍惜。在台灣，上網似乎是家常便飯的事，但在古巴，網路卻是比黃金還珍貴的奢侈品。這樣的體驗只有去過古巴的人才能體會。

我想分享幾個在古巴使用網路的心得，供大家參考：

- 古巴沒有免費的網路，需要買網路卡才能上網；最便宜的ETECSA網路卡，一小時要價1.5 CUC，最貴每小時則高達8 CUC。建議大家可以在有販售ETECSA網路卡的商店或是提供Wi-Fi熱點服務的飯店購買。如果價格便宜，可以先囤貨。
- 由於古巴上網非常昂貴，所以大家可以在連上網路之前，把to-do list寫好，也就是把上網要做的事一項項列出來。發訊息時，則在未上線前就

把文字打好，連上網後再複製貼上；拍照打卡也是先把照片編輯好，再連網上傳。最重要的是，上網前得先設好鬧鐘，否則到最後不知不覺的把網路時數用完，然後又什麼都沒做，那真的會欲哭無淚！

- 古巴網路是由古巴政府在控管，Google這家美國公司的相關服務在古巴都無法使用。至於臉書，聽說政府睜一隻眼、閉一隻眼，讓人民可以使用。只不過回台後，我曾經要加古巴導遊Ailen的臉書帳號，怎麼都搜尋不到，古巴政府似乎仍然暗中進行管制。

讀到這裡，如果你覺得網路不便降低了讓你前往古巴旅遊的興趣，我可以過來人身分跟你說，網路昂貴且限制多，不一定是缺點，反過來思考，多了些時間跟專心享受古巴的人文與自然風情，來取代不停的上網打卡，或許也不是一件壞事。曾經有一位團員，手機出問題而無法上網，剛開始很失望，但久了

2016年剛好是Pokemon Go最火紅的一年，而來到古巴任何有熱點的公園都讓我想到當年台灣瘋這遊戲時的瘋狂景象，但其實他們只是在使用網路卡上網。Pokemon？別傻了，這裡沒有這種東西。

古巴仍然是世界上網路使用率最低的國家之一，除了坐在門口或陽台聊天放空，就算手上拿著手機，也絕對不是在上網，因為古巴仍停留在2G，且沒有網路卡跟熱點，上網就免談。

也就習慣無網路生活，過了半個月沒有網路的生活，反倒更能專心地欣賞當地的美景。

如今古巴擁有網路已二十多年了，雖然目前當地政府仍然大力控管網路的使用、資訊的傳播，但我衷心希望，隨著卡斯楚家族政權的交替，能夠逐漸地開放網路，不單只是為了觀光客的方便，更是為了讓古巴人民自由地接收外界資訊、任意發言，而不是只能每週二引頸期盼著那個神秘的隨身碟包裹。

網路自由是人民應有的權益之一，絕不該被政府剝奪！

CUBA

3

沒抽過雪茄，
別說你來過古巴

有句話是這麼說的，「如果去古巴沒抽雪茄，等於沒去過古巴。」我第一次抽雪茄就是五年前在古巴嘗試的，自此之後就愛上雪茄，一直到現在，我依然喜歡在夜深人靜時來上一支。

　　很多人往往會覺得抽菸是個壞習慣，但抽雪茄其實就如同品酒，可以讓人靜下來思考、好好品味生活。跟葡萄酒一樣，雪茄有不同的種類、型號與味道，我還滿鼓勵大家有機會的話可以嘗試，不管年紀男女，都可以找到屬於自己的雪茄味道。

提到雪茄就想到古巴

　　古巴人是一個非常愛抽菸的民族。記得2014年第一次帶團去古巴，當時的遊覽車司機身材高大、滿頭白髮、還留著一把落腮鬍，長得很像海明威，每天總是叼著一根沒有點燃的雪茄，連開車時也是如此。每次我們下車遊覽時，專業的他會在車外點起雪茄，要開車時熄掉；而這也是雪茄的好處之一，不用點了菸就一定要一次抽完。

　　提到古巴歷史一定會講到蘭姆酒跟蔗糖，也一定會提到菸草與雪茄。為何古巴的雪茄世界聞名？主要有四個原因：加勒比海的氣候、肥沃的土壤（尤其是西部地區）、數百年來菸農的智慧以及工廠內捲菸師（torcedor）高超的技巧。

　　古巴雪茄以100% 純手工製作聞名，從殖民時期一直到現在，這兩百多年來都不曾改變；其他地方或許可以取得古巴的菸葉種子、模仿古巴生長環境與種植技術，但卻無法複製古巴雪茄手工製作的流程。

　　「古巴嘗起來像蘭姆酒、聞起來像雪茄」這句話道盡了古巴的特色。到了古巴，不可能不喝一口蘭姆酒；到了古巴，就算是不抽菸的人，還是會因為周遭的氛圍而去嘗試抽第一口雪茄，這就是古巴的魔力。

哥倫布發現菸草

　　西元1492年10月28日，哥倫布帶領著三艘船抵達古巴東北部海岸，也就是現在奧爾金（Holguin）北邊，那時他被海邊各種鮮豔的顏色、藍到不可思議

2014年我帶的台灣第一團古巴單國之旅的遊覽車司機。大哥開車技術穩又好、人親切,重點是永遠叼根雪茄,儘管沒點著,但就是有一種古巴男人獨有的魅力!

的海水、又細又白的沙灘所驚豔。當時他一直以為來到了亞洲，於是便派出兩名水手，托雷斯（Luis de Torres）與塞瑞斯（Rodrigo de Xerez）去內陸探險，希望可以找到元朝皇帝可汗，完成西班牙政府給他的任務，簽署貿易協定。

幾天後這兩名水手並沒有在古巴島找到任何中國人，反而遇到了當地的原住民族——達伊諾（Taino）。這個民族無論男女都會吸食一種葉子，吸了之後還會有煙從嘴巴裡冒出來，這種葉子就是雪茄的原料——菸葉，這是最早對於使用菸草的記載。

根據後來的研究，菸葉並不是古巴的原生物種，而是來自南美亞馬遜地區，在西元前2、3000年被帶到古巴種植。由於菸草會產生幻覺與麻醉上癮的效果，所以達伊諾族主要將菸葉用於慶典或宗教儀式，也用於麻醉或催情；它的使用方式很多，如捲起菸葉點火吸食、放在菸斗裡抽、直接咀嚼菸葉、萃取汁液飲用或是抹在身上用鼻子聞香氣等。

哥倫布的日誌也出現了兩個名詞：cohiba以及tabaco。

「Cohiba」在達伊諾語的意思是「捲起來的菸葉」，這個名詞現在成了古巴知名的雪茄品牌，售價昂貴，聞名全世界。

「Tabaco」指的是「搗碎的菸草」，我們現今所說的「tabaco」，指的就是香菸或雪茄裡細細的菸草，然而在古巴跟多明尼加，「tabaco」則單指「雪茄」。

當哥倫布回到西班牙時，他的船隊彌漫著濃濃的煙，還有一種奇怪的味道，原來他把達伊諾族的菸葉也帶回了西班牙。當時被哥倫布派去探險的水手塞瑞斯在古巴島染上了菸癮，回到歐洲後仍無法戒除，而他吸菸的樣子讓許多歐洲人覺得驚恐，以為是一種巫術，他們認為只有惡魔才會從嘴裡吐出煙來，因此塞瑞斯最後被判刑、入監服刑七年。

幾年之後，菸草漸漸地被歐洲上流社會的貴族們所接受，一開始是女性會把搗碎的菸葉放進皮製的小袋子裡，並且綁在手腕上，只要頭痛就聞聞這個袋子，她們相信這個味道可以治療偏頭痛。古巴原住民所發明的菸斗，也逐漸在男性貴族圈裡流行，他們把菸葉磨成粉，然後放在菸斗裡抽。菸葉從西班牙慢慢地流傳到葡萄牙、法國、英國等地，在十六世紀中葉，菸葉與香菸已經變得相當普及。

雪茄的緣起

　　歐洲真正出現雪茄是在1686年，塞維亞皇家菸草工廠（Real Fábrica de Tabacos de Sevilla）成立的時候。十八世紀中葉之前，菸葉完全由古巴農民種植生產，以便宜的價格賣給西班牙皇室，再由菸草工廠做成雪茄，高價賣到歐洲各國。古巴農民不滿自己的辛勞成果被剝削，曾進行三次大規模的反抗行動，最終都遭到西班牙政府血腥鎮壓。

　　1762年英國占領古巴西部地區，包括哈瓦那，長達十一個月。在這期間英國開放貿易，允許古巴農民可以自由地跟其他西班牙殖民地或是歐洲各國進行菸葉交易；當西班牙政府再次取得古巴西部領土時，決定維持相同的做法，促進了古巴菸葉貿易的興盛。

　　雪茄的出現也促成了「菸環」的誕生。「菸環」出現於十八世紀末，主要是為了擋住捆綁菸葉的那圈白線，同時也可以讓貴族在抽雪茄時，不會沾染雪

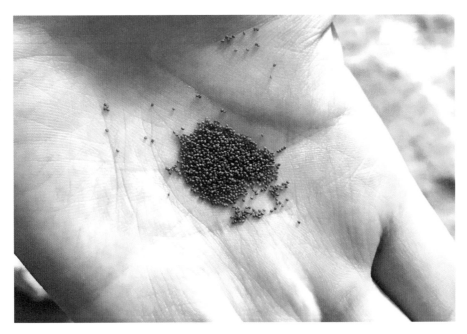

不要小看我手中這些不起眼的小東西。聞名於世的古巴雪茄，全來自這些渺小的菸葉種子。

茄顏色而弄髒了白手套。到了十九世紀，隨著歐洲印刷技術成熟，菸環也可以印上各式圖樣，因此許多雪茄工廠紛紛開始將自家的精美logo印製在菸環上。

等到十九世紀初，古巴本土雪茄才正式出現。短短幾十年，大量的古巴本土品牌紛紛冒出，例如1845年的Partagás、Ramón Allones，與1882年推出的El Rey del Mundo，幾乎全都是西班牙移民所建立的品牌。

1895年古巴為了爭取獨立、反抗西班牙政府，導致美國介入，演變為長達四年的美西戰爭，最後西班牙戰敗，失去了原本在古巴建立的雪茄工業。到了20世紀，不少古巴的雪茄工廠都落入了美國企業，也推出了許多新的品牌（例如1927年的Bolívar與1935年的Montecristo）。

1959年，軍政府垮台、卡斯楚上台，政府開始介入雪茄事業，並於1966年推出Cohiba，這是目前公認的最高級品牌；而1969年的Trinidad則是古巴政府用來贈送給其他國家元首級賓客所使用的特殊品牌。直到今天，古巴仍陸陸續續推出新品牌。供給增加代表著需求也是，愈來愈多人在抽雪茄，據統計，全世界的雪茄消費，正以每年10%的速度成長。

除了一般常見的雪茄之外，還有另一種稱作「小雪茄」的菸，我偶爾也會抽。它的外觀細長、像香菸但沒有濾嘴，裡面的菸草不像雪茄那麼高級。雪茄通常抽起來很費力，抽一根需要30、40分鐘，甚至一小時，但小雪茄小小細細的，兩頭都可以抽，3、4分鐘就能抽完一根。這種「小雪茄」目前以每年30%至40%的速度成長，熱銷全世界，一盒50支大約30 CUC。雪茄入門者大多會從「小雪茄」開始，然後慢慢進入到雪茄的世界。

菸草採收過程

菸草跟玉米長得很像，直挺挺的，高度約50公分到3公尺；葉子很大，長約30、40公分，寬度最多可達20公分。每年11月到隔年3月，是種植菸草的季節，在古巴西部可以看到一片片菸田，至於其餘的時間則以種植玉米為主。

許多人常問我，為什麼雪茄會這麼貴？原因是雪茄從菸葉的處理到製作，全都是手工完成，無法以機械取代。

菸農們在菸田裡摘採菸葉時，不是一株一株的摘，而是分層摘採，從每

株最上層開始，一次只能採2~3片葉子，將整片菸田的最上層葉子採完後，才能再採中間那一層，最後則是最下層。由於菸葉是從底下往上熟成，為了確保每批葉子的熟度、味道一致，必須要一層層摘採，每次採收後得間隔幾天或一週。

一支雪茄由三部分所組成：最裡面的是「茄心」，也就是填料雪茄葉（Tripa）；然後是「茄套」，即捆綁葉（Capote），用來保護填料葉；最外面為「茄衣」，稱為包紮葉（Capa）。

古巴的菸葉分成兩種，一種是Criollo，另一種叫做Corojo，各有各的用途；Criollo通常做成茄心及茄套，而Corojo則是用來做成茄衣。

去古巴西部旅行，會看到路邊菸田有許多以木頭搭建、屋頂則以椰子樹葉覆蓋的三角形茅屋，菸農會將摘採下來的菸葉一綑一綑地綁在木頭棍子上，架在這些小房子裡。由於房屋均為東西向建造，菸葉只會在日出與日落時曬到太陽，避免因長期日曬而導致枯黃。曬乾約五十天後，菸葉流失85%的水分，剩

新鮮菸葉摘下後，打包送往市區工廠前的各種曬乾與發酵作業，都在這樣的三角形茅屋內進行。

下的水分則讓菸葉進行發酵。

　　菸葉總共需要發酵兩次，第一次發酵需要三十天，全天需維持35度的溫度，透過發酵減少葉子的樹脂，讓葉子顏色統一，並誘發菸葉的味道，讓它更強烈。第二次發酵則需要六十天，菸葉味道更加強烈，其他的雜味也會因而消失殆盡，接著這些發酵後的菸草被送到儲藏室存放一至兩年，最後才送到雪茄工廠。這種傳統做法在其他地區已經不多見了，但直到現在，古巴菸農仍堅持使用這種需要耗費大量人力與時間的方式生產。

　　葡萄酒依照葡萄產地、年份及釀造方式，分成許多不同的品牌，每批葡萄酒也會由品酒師負責鑑定、品嘗，而雪茄也是如此：除了品牌不同外，還分成不同的型號，每個型號裡也有不同的規格、尺寸以及味道。由於氣候會對菸葉的味道造成極大的影響，因此必須透過混合不同菸葉的方式，確保每個型號的味道一致，而負責這個工作的，就是所謂的「雪茄大師」（maestros tabaqueros）。

如果不是在收割季節後前往參觀，這些屋內空蕩蕩，一片菸葉也看不到！

雪茄工廠成為觀光景點

時至今日，古巴大約擁有47種雪茄品牌，1845年的Partagás歷史最為悠久，還曾為邱吉爾推出一個專屬的雪茄型號。這家雪茄工廠是哈瓦那市最古老的，位於兄弟會公園北邊，是棟四層樓，米、紅色相間的西班牙式建築，約有五百名工人在裡面工作，也是觀光客參觀的重要景點，但工廠裡的生產流程不開放拍照。

跟古巴大多數的建築一樣，工廠裡沒有空調，一進去就聞到一股濃烈的菸草香味，一樓設有西文、英文導遊接待。這裡每一層樓都隔成好幾個小廳，工人在裡面進行著不同的製菸程序，每天生產近25,000支雪茄。製菸工人需要耗費許多體力，因此大多是18至35歲的年輕人，靠著工廠員工引薦進來上班，月薪約400到600 CUP，每天還可以免費帶走5支雪茄。

有些配合旅行社的菸田，總會有一位捲菸師傅忙著捲「私菸」，等著一綑一綑的銷售給遊客們。

製作雪茄過程繁瑣，且100%手工，除了捲菸版、無柄小刀、剪菸器及膠水，像這樣將半成品定型的模子也是非常重要的工具。

　　雪茄製造流程相當繁複，大約可分成下列幾個步驟：

　　步驟一、消毒菸葉：消毒菸農送來的菸葉。

　　步驟二、依照菸葉的顏色、大小進行分類。

　　步驟三、由雪茄大師混合二至三種菸葉，調配出各型號雪茄應有的味道，這是最重要也是最機密的步驟。

　　步驟四、捲菸：這是雪茄製作的核心。工人們在悶熱的空間裡、吹著老舊的風扇，沿著一排排桌子坐著捲菸，每隔一段距離就有個喇叭掛在牆上，大家一邊工作、一邊聽著廣播。

　　捲菸是需要經驗與技巧的工作，每個捲菸師的桌上都會有菸葉、捲菸版、無柄的小刀子、剪菸器及由樹脂提煉而成的膠水，經驗老到的捲菸師一天可產出120支雪茄。他們會先把茄心捲起來，用茄套套著，放到模組裡，將模組夾緊約15分鐘後，再用茄衣慢慢捲起來，最後用剪菸器剪掉其中一邊的菸頭。這些流程得依靠捲菸師靈巧的雙手與豐富經驗，如果茄心歪七扭八或長短不一，

親自體驗製作雪茄，才發現並不是那麼簡單。一位經驗老到的捲菸師一天也才不過產出大約120支雪茄。

雪茄抽到一半就很容易熄掉。目前全世界只剩古巴的捲菸師是從頭到尾一個人獨立完成，其他國家例如多明尼加、尼加拉瓜的捲菸師大多是兩人合作。

當雪茄製作完成後，接下來便會進行最後的品管與包裝。

一、品質管理：檢驗雪茄的尺寸、外觀、顏色，並確認菸是否捲得正確。通常會以50支為單位送去檢驗，若沒達到標準，就會全數被退回，工廠必須重新製作；有些工廠檢測較為寬鬆，若25支雪茄裡有3支檢驗沒通過，才會全數退回。

通過品管檢驗的雪茄，一排排地放在小房間裡至少三週，甚至好幾個月，房間永遠保持恆溫16~18度、溼度65~70度，把製作過程所吸收到的溼氣全部抽乾。

二、分辨雪茄顏色：工人只能單靠雙眼分辨出雪茄七十種不同的顏色，並從左到右、依顏色深淺，把雪茄放進盒裡排列整齊，一旦排定後就不能再變動。

三、裝菸環：在裝菸環的過程裡，絕不能任意變動已放置好的雪茄，連雪茄哪面朝上、朝下都不能動。最後是將標籤貼上菸盒，準備出貨。

總之，從菸葉的種植、摘採，一直到雪茄的製作、品管與包裝，每一個步驟都是純手工，一點也不馬虎，而古巴雪茄就是貴在這些細節上。當然，機械製造的廉價雪茄也有，但我完全不推薦。

雪茄產業可以如此蓬勃發展，西班牙人可說是功不可沒。在殖民時期，古巴以菸葉種植為主，西班牙則專注於雪茄製造與經營，例如制定雪茄尺寸，建立雪茄工廠，掌控雪茄的生產與銷售。西元1959年古巴革命之後，許多雪茄工廠、菸田都被充公，原來經營雪茄事業的老闆們逃到了中美洲與加勒比海地區其他國家，另起爐灶，帶動了整個區域的雪茄事業快速成長。為了與古巴雪茄有所區分，其他國家的雪茄尺寸大多會與古巴雪茄差個幾毫米。

名人雪茄

許多雪茄公司會為名人生產或訂製一個專屬的型號，例如Partagás便曾為邱吉爾推出專屬的型號「Julieta No.2」，又稱邱吉爾雪茄，是當年他訪問古巴

時所推出的。

　　很多好萊塢名人也是雪茄的愛好者，例如阿諾史瓦辛格、約翰屈伏塔都喜歡抽Montecristo，曾演過007的皮爾斯布魯斯南則是抽Diplomático型號No. 2，勞勃狄尼洛則是對Cohiba的Coronas Especiales情有獨鍾，包括導演史蒂芬史匹伯、強尼戴普，甚至不少女星也是雪茄愛用者，像是黛咪摩爾、娜歐蜜坎貝兒。

　　然而，雖然古巴雪茄在世界各地大受歡迎，觀光客也很喜歡買回去當紀念品或是送人，但古巴雪茄卻面臨一個很大的問題：貨源不穩定。

　　每次我去古巴總是會為自己或受朋友委託而買幾個特定的品牌型號，得到的答案卻常常是「缺貨」！由於古巴經濟狀況差、禁運，菸農很難取得種植菸葉所需的肥料及其他相關物資，之前還曾發生過因為菸葉不足，還得向周邊國家購買菸葉的窘境，聽起來非常諷刺。也因為雪茄供貨不足，市面上出現了許多假雪茄。數百萬支假雪茄在世界各地四處流竄，聖多明哥就是其中的主要供應國，販賣許多假雪茄到其他國家，尤其是美國。

雪茄配敞篷古董車，不帥都難！（照片提供：蕭潮州）

市面上充斥著假雪茄，包裝精緻，連防盜條碼都可以假亂真，防不勝防！絕對不要一時貪心在街上或不正規的店面買雪茄。

　　假雪茄一盒20~25支大約15~20 CUC起跳，但真正的雪茄可能是這個價錢的五到八倍。假雪茄的包裝相當精緻，跟真雪茄擺在一起，幾乎無法分辨，古巴政府也曾針對假雪茄做了許多防範措施，例如以條碼控管，只是一推出，隔天那些假雪茄也貼上了一樣的條碼，讓人防不勝防。依照假雪茄如此猖狂的情況看來，政府機關可能有官商勾結的問題。

　　古巴街上常常會有年輕人到處兜售雪茄，他們手上的雪茄型號應有盡有，只不過多半是假貨，裡面的菸葉品質不佳、抽到一半可能就熄掉，我有個朋友甚至曾經抽到一半發現裡面有橡皮筋。

　　曾有個古巴人跟我說：「古巴雪茄對外國人來說是全世界最好、品質最優良的雪茄，但是對我們古巴人來說，卻是全世界最爛的！」

　　古巴雖然以雪茄聞名，但其中80%都是出口到其他國家，剩下的20%才是在國內市場販售，外銷與內銷的雪茄品質差異很大，銷往國外的都是屬特級

品，而內銷的雪茄品質低劣到連自己人都嫌棄。

　　古巴菸農辛辛苦苦地種植菸草、工人在悶熱的工廠裡不停捲菸，耗費了大量人力和時間之後，卻無法享受成果，令人同情。而古巴政府靠雪茄出口賺進大量外匯，卻把最劣等的雪茄留給百姓，對人民毫不尊重和關心的態度，可見一斑。

來根會上癮的雪茄吧！

　　古巴菸農除了把處理好的菸葉送往工廠，通常也會留下一些菸葉，自己捲菸、自己抽，這種菸稱作私菸，是合法的，單純指農家自己製作的菸。

　　有次我去古巴最西邊的世界自然遺產雲尼斯山谷（Valle de Viñales），那裡的菸草品質世界聞名，一片片菸田散布其中，農家小木屋旁也會販賣菸農自己做的雪茄，一綑只要1 CUC，我就是在那裡抽了生平第一支雪茄。

有句話是這麼說的，「如果去古巴沒抽雪茄，等於沒去過古巴。」而我第一次在古巴抽過之後，從此便愛上了雪茄。（照片提供：徐憶如）

這種菸農做的私菸，茄心非常緊實，如果隔太長時間沒抽，很容易熄掉。記得那支菸我足足抽了一個多小時，抽完站起身時，覺得就像喝醉一樣。雖然抽得很累，但也從此愛上了雪茄。

　　每次去古巴我總喜歡物色一些雪茄相關用品帶回台灣，例如置菸盒、木製菸灰缸、剪菸器、打火機等。這些日漸增多的紀念品除了記錄去古巴的回憶外，也代表著我對古巴的認識愈來愈深。

　　這幾年台灣興起了雪茄風，愈來愈多酒吧開始販售，也允許客人自帶雪茄。跟品葡萄酒一樣，抽雪茄代表慢活、品味人生，而假如你有興趣的話，我很推薦大家有機會試抽一支，我相信多了不一樣的體驗，你的生活也會變得不同，如同雪茄一樣，成熟、濃郁，多了與眾不同的魅力。

　　來一支吧！

身為領隊帶團來古巴的小確幸之一，就是坐在飯店房間陽台涼椅上抽著雪茄、喝著蘭姆酒，享受領隊難得的私人時光。

古巴著名雪茄品牌建立年份：

1819 Hija de Cabañas y Carbajal

1834 Por Larrañaga

1840 Punch

1844 H. Upmann

1845 Partagás / Ramón Allones / La Corona

1865 Hoyo de Monterrey

1875 Romeo y Julieta

1882 El Rey del Mundo

1927 Bolívar

1935 Montecristo

1966 Cohiba

1969 Trinidad

1996 Cuaba

1997 Vegas Robaina

1999 San Cristóbal de La Habana

4

馬雷貢
清晨路跑的奇遇

路跑，一直都是我最喜歡的運動，無須特殊的裝備，也不用呼朋引伴，只要換上跑鞋、戴上耳機，就可以隨時出發。每次路跑，我總是把腦袋放空、什麼事情也不想，讓自己的腳步跟著音樂的節奏向前；運動完後雖然又累又喘，卻有一種暢快無比的感覺，因此十多年來，我一直保持著跑步的習慣。

　　儘管平常工作忙碌，我還是盡量一個禮拜至少安排一天到河濱公園夜跑個10公里，不管是汗流浹背的夏天還是寒風刺骨的冬天，持續不輟。跑步，除了讓自己的體能保持在最佳狀態外，也可以讓我暫時擺脫來自生活、工作上的壓力。

　　每回帶團出國時，我的行李箱裡總是不忘塞進一雙跑鞋，想要體驗一下在當地跑步是什麼感覺。可惜的是，跑完一天緊湊的團體觀光行程早已累到不行，更遑論清晨五、六點從被窩裡面爬起來跑步了。

　　2016年7月為了寫這本書，我獨自一人以背包客身分來到古巴，沒有團員要帶、也沒有緊湊的行程要走，自然想要抓緊機會慢跑；畢竟靠自己的雙腳來

在古巴晨跑，或許是我一輩子都忘不了的一段小故事。（照片提供：Brenda）

認識一座城市，往往可以挖掘出不一樣的景色，那是坐遊覽車觀光絕對享受不到的經驗。

清晨六點，天還沒亮、天空依舊灰濛濛的一片，我換上運動衣及跑鞋，從下榻的飯店出發，打算沿著哈瓦那最著名的海濱大道──「馬雷貢大道」向東邊跑。

哈瓦那北臨加勒比海，為了防止大浪，西班牙殖民政府建了一條長達8公里的防波堤，而「馬雷貢大道」就是蓋在這個防波堤上，是古巴著名的景點區，也是年輕人喜歡逗留的地方。這條大道是在西元1901年、美國臨時政府統治時期開始建造，西元1952年正式通車，陸續花了五十年才完工。沿著「馬雷貢大道」兩側，可以看到許多在西元1868年至1878年間、為了古巴獨立而奮戰的英雄人物雕像。「馬雷貢大道」的最西邊則是西元2014年重新開張的美國大使館，再往東走則還有不少城堡及堡壘，像是皇家力量城堡、喬雷拉堡壘、莫羅城堡等，都是西班牙政府在西元16至18世紀所建造，用來保衛哈瓦那免於敵

清晨六點，天空依舊灰濛濛的一片，「馬雷貢大道」一邊是波濤洶湧的加勒比海，一邊是哈瓦那僅有的幾棟高樓。（照片提供：蕭潮州）

軍的侵略，現在都已經改為博物館，供遊客參觀。

　　同樣位於大道旁的古巴國家飯店，建造於20世紀初，許多國外的政要、明星只要來古巴，都會入住這家飯店，也是相當知名的觀光景點。

　　清晨跑在「馬雷貢大道」上，迎著海風、看著海浪拍打著岸邊，頓時覺得海闊天空，沿途有許多古巴年輕人聚集在一塊打鬧嬉笑、喝酒聊天，有的三三兩兩、有的結黨成群；看到那些膚色比較黑的當地人，讓我不自主地緊張了起來，擔心會遇到搶劫、鬧事。事後回想，其實古巴的治安相當良好，根本無須擔心，反倒是對自己因為對方的膚色而產生偏見，覺得慚愧。

　　大約跑了1.5公里時，正當我適應了空氣中彌漫的海水鹹味、欣賞著漸漸被太陽染紅的天空時，一個身材高大、手臂比我小腿還粗壯的年輕人，向著我跑了過來。當我們擦身而過後，他突然掉頭轉身，追上我，跟著我往同一個方向跑去。當下我心頭一緊，心想：「我似乎被盯上了，他八成是要來搶劫的！等一下我該怎麼辦？要奮力抵抗還是乾脆直接棄械投降？我會不會就此客死異

當太陽漸漸升起，當地人也紛紛出現拿著釣竿，期待有魚上鉤，準備拿到市中心賣個好價錢。

鄉……」雖然外表仍裝著一副若無其事的樣子，但內心卻忐忑不安。

不一會兒，他跑到我身旁，向我打了聲招呼，還問我是不是常常在哈瓦那跑步？

「拜託，老兄！我看起來像是本地人嗎？你到底有什麼企圖？」雖然我心裡這樣想著，但嘴上還是故作輕鬆地回答：「沒有，這是第一次在哈瓦那跑步！」

我環顧自己一身裝扮，看起來就是隻準備任人宰割的大肥羊：Nike螢光黃緊身上衣、Nike紅色短褲、Nike紅色跑鞋、頭戴Nike鴨舌帽、手臂上還掛著iPhone……這些在當地都很值錢，絕對可以賣到不錯的價錢。

接著那位年輕人又問：「週日有一場半馬，要不要一起參加？」

「謝謝你的邀請！不過我隔天就要離開哈瓦那了，週日不太可能去參加。」

其實我還要待在哈瓦那兩天才離開，不過因為不知道對方的意圖，只好先拒絕為上！

寒暄之後，他直截了當地問：「你的鞋子可不可以送給我？」

這傢伙果然意圖不軌，原來他看上了我的跑鞋！

我提高了警戒心，全身緊繃、腎上腺素分泌加速，準備應付接下來可能發生的情況。

但我沒有正面回覆，反問他，「你穿幾號的鞋子？」當時打的如意算盤是不管對方回答什麼，都用尺寸不合的理由來婉拒。

年輕人回答，「我穿42號！」

「不好意思，我穿40號，尺寸不合，你應該穿不下！」我立刻說。

聽完我的回答，那個年輕人沒說什麼，跟著我一起繼續跑。

我心裡暗自鬆了一口氣，對自己剛剛的過度反應感到好笑，更對那個年輕人感到抱歉，覺得剛才不應該懷疑他。

當我們跑到某個地方時，他跟我說：「我們應該轉頭往回跑了！」

「不，我還要繼續往東跑。」

「那我要回頭往西跑了，再見！」

「等等，我這次來古巴，是來蒐集寫書的材料，能跟你相遇覺得很有意思，可不可以拍一張你的照片？」

「不行，除非你把腳上這雙鞋給我，否則我拒絕讓你拍照。」

他接著說：「我是一個運動員，但實在沒能力買一雙專業的跑鞋，持續跑下去的話，我的腳可能會受傷。」我的視線停留在他的腳上，的確只是一雙普通的黑色休閒布鞋。

「可是，我們倆的腳尺寸不合，你也穿不下！」

「沒關係，我可以把你這雙鞋子賣掉，再去買一雙合腳的跑鞋。」

「很抱歉，我真的不能給你！我還要待在古巴好一陣子，每天都會需要這雙鞋。」

「除非你給我你腳上那雙鞋，否則我拒絕讓你拍照。」年輕人又堅決地重複了一次。

「好吧！那就不拍照。」

我才剛說完，他頭也不回、連聲再見都沒說地跑了。

我一臉錯愕地看著他快步離去的背影，原本還有一絲愧疚，此時卻有一股怒氣直衝腦門，於是拿起手機對著他的背影猛拍了五、六張，儘管拍出來的照片模糊，但至少可以發洩一下心中的怒氣！

當我跑了2.5公里之後，便轉頭往回跑，準備回飯店吃早餐。此時七點多，天也快亮了，好幾個古巴人站在防波堤上悠閒地釣魚，我隨手拿起手機拍照，希望可以記錄下這一刻。當我準備把手機放進臂袋裡的時候，發現夾在手機跟房卡中間的50 CUC鈔票竟然不見了！我待會還要去便利商店買水、到飯店lobby買網路卡呢！

一張50 CUC鈔票，相當於50歐元，或是50多塊美金，是古巴醫生或工程師一個月的收入，更是一般當地人月薪的兩倍多啊！我開始後悔早上實在不應該帶著大鈔出門，趕緊沿著原路往回找尋。

突然我發現不遠處，一位老先生跟一位約莫五十幾歲的掃地阿姨，站在路邊講話。老先生正拿起手上的鈔票，專注地端詳，似乎在檢查它的真偽。我仔細一看，他手上拿著的，正是一張50 CUC鈔票！

我立刻跑上前去，告訴他那張CUC鈔票是我剛剛掉的，能不能還給我？

老先生轉頭看了一下那位掃地阿姨，然後問我：「這是你掉的嗎？好吧，還給你！」

當下我在感謝之餘，更驚訝於他們兩人的反應。那位掃地阿姨一個月應該只賺二十幾塊，而老先生穿著樸素，看起來也只是一般市井小民，但他們卻二話不說，把撿到的50 CUC鈔票還給了我！

經過這一番折騰後，我冷靜地回想這兩段遭遇，既感慨又感動。

「這錢是我撿到的，你怎麼證明錢是你掉的？」如果這件事發生在我身上、或是在我生長的阿根廷，我未必會這麼乾脆地就把錢交給對方。

每次演講時我總喜歡分享這段奇妙的經驗，學員們聽了也覺得難以理解。通常在生活困頓、較為落後的地方，人們總是會想方設法地改善生活品質，而人性往往也因此被扭曲、變得貪婪，但古巴，一個這麼貧困的國家，他們的人民卻單純直率、不怨天尤人，對人充滿信任。

對我來說，古巴最迷人之處，不是加勒比海的美麗風光、充滿歷史感的建築，也不是古董車或雪茄，而是純真善良的古巴人。

「人，才是最美麗的風景。」這句話應用在古巴人身上，再恰當不過了。

「馬雷貢大道」是哈瓦那人極為重要的休閒場所，不管是散步、曬太陽、與朋友喝酒聊天甚至放空，串起了每天的生活。（照片提供：蕭潮州）

5

古巴
大眾運輸工具的真相

幾年前我曾經在某篇網路文章上看到，古巴航空是世界十大最危險航空公司，雖然我沒有進一步去探究評比的標準為何，但與其他航空公司比較，古巴航空機型老舊，除了少數幾架是空中巴士Airbus機型之外，其餘都是蘇聯時期的飛機，也因此事故發生率稍微高了一些。

　　古巴航空成立於1929年，不但歷史悠久，而且在中南美洲各國，包括墨西哥、中美洲、加勒比海地區、南美洲等三十幾國，有許多世界第一的紀錄，例如：1945年成為全拉丁美洲第一家有直飛邁阿密班機的航空公司、1948年得到了第一個開辦直飛歐洲航班的殊榮、在五〇年代則是第一家使用噴氣式民航機，飛越大西洋前往歐洲的航空公司。在20世紀前半，古巴航空一直走在航空業最前端，經營得有聲有色，可惜的是到了1959年卡斯楚上台後，這家航空由共產政府接手控制，一切有了大轉彎，飛安與服務品質也逐漸下滑。聽說不管是飛國內或國外班機誤點、甚至取消都是家常便飯的事，而航空公司也不會提前宣布，往往是旅客在候機室等了七、八個小時之後，才得知航班取消。雖然

古巴航空歷史悠久，曾創下不少世界第一的紀錄，但服務品質與飛安標準卻在共產政府上台後每況愈下，如今仍保留著大量蘇聯製老舊客機。

航空公司會提供餐券住宿做為賠償，有些古巴人可能也為獲得免費飯店住宿而暗自開心，但對於行程已安排好的外國旅人來說，卻是叫苦連天。

我曾經跟一位當地導遊聊到古巴航空在網路上的評比結果，有高達八次的空難紀錄，這位導遊相當不以為然。

「古巴航空明明被評為最安全的航空公司之一！」她信誓旦旦地說。

我心想，通常前幾名的優良航空公司大都為亞洲籍或歐洲籍，古巴航空儘管不致聲名狼藉，但也絕不會是最好的航空公司之一，真不知道那位導遊的資訊是怎麼來的？還是那是古巴政府的官方說詞？

雖然古巴航空為國內第一大航空公司，但每次在哈瓦那國際機場出入境時，我卻鮮少看到，偶爾看到一、兩架，就像是看到珍貴的特殊景點一般趕緊拿出相機出來拍照留念。根據這位導遊朋友的說法，古巴航空除了境內，也飛中美洲各國，例如巴拿馬、厄瓜多爾、多明尼加以及歐洲等，目前旗下有34架飛機，但因為航線區域算廣，所以在機場很少看到。

2013年雄獅旅遊推出了全台灣第一個深度古巴單國之旅行程，當時在設計行程時，航空公司與航班的安排頗為困難。因為飛古巴的航空班機並不多，不但需要轉機一到兩次，票價也不便宜，例如搭加拿大航空經中國到古巴，或是從台灣飛洛杉磯再轉中美洲其他航空（例如巴拿馬航空）到古巴。至於境內交通，基於安全跟班機常常誤點的考量，再加上各景點之間距離不是很遠，所以決定以遊覽車為主。

2016年7月我自行到古巴考察時，從哈瓦那到最東邊的聖地牙哥德古巴這段878公里的路程，原本打的如意算盤是搭乘古巴航空，但航班少得可憐，加上碰到旅遊旺季，五月份時已經沒有機位了，最後只好放棄。

如果大家要去古巴旅行，目前有不少航空公司可以考慮，例如：法國航空、加拿大航空、荷蘭航空、西班牙的伊比利航空或是巴拿馬航空都是不錯的選擇。另外，自2016年年底開始，美國有許多航空公司直飛哈瓦那，墨西哥航空與哥倫比亞航空也紛紛加入這條新航線，讓旅客有更多選擇。

世界上最慢的火車

每回帶團去古巴，我總是靠著遊覽車在各景點之間移動，有時要到距離比較遠的地方，都要長途跋涉地拉車。我總是心想，「如果改搭火車，是否可以節省一些時間，也讓團員趁機體驗古巴的火車之旅？」

問了那位導遊：「如果改搭火車，會不會比較快？」話剛說完，隨即聽到司機大哥「呵呵！」地冷笑兩聲。

然後，我記得他用一種非常「自豪」的口氣說：「我們古巴的火車是全世界最最最……慢的火車！」原來，司機大哥的冷笑，是對古巴鐵路系統落後的嘲諷反應！

這時導遊才加入話題，進一步解釋，「從哈瓦那到聖地牙哥德古巴全長大約900公里，如果車站站長告訴你搭火車需要16個小時，那你會發現可能要花25、26個小時、甚至超過30小時才能到達。」

其實古巴發展鐵路的時間相當早，西元1837年11月19日就正式開通了第一條鐵路，從哈瓦那出發，總長27.5公里，僅次於英國、美國，是全拉丁美洲，也是當時整個西班牙帝國第一個有火車的地區，比宗主國西班牙還早了十一年。

在西班牙帝國統治下，古巴是蔗糖的最主要產地，為了方便運輸大量的甘蔗，西班牙帝國優先決定發展古巴的鐵路系統，並於接下來的數十年，在甘蔗園密集的中部、西部大規模建造鐵路。

到了21世紀的現在，雖然古巴號稱擁有長達9,300公里的鐵路軌道，但大多不堪使用，能夠行駛的不到1,000公里，皆集中在西半部的哈瓦那到東部的聖地牙哥德古巴（Santiago de Cuba），以運送乘客為主。

如今古巴的火車分為兩種：一種是普通列車，車廂較陳舊、開的速度很慢，每一站都停，類似台灣的普通車；另一種則是特殊列車，車速較快、停靠的站數較少，跟台灣的自強號比較像，並且「號稱」車廂內有冷氣，販賣輕食、飲料。不過針對冷氣這部分，我倒是持保留態度。古巴冷氣普及率非常低，連許多大樓裡都沒有冷氣，更別說火車了！就算車廂內配置冷氣，能不能用都還是個問題。至於票價則因哩程數而有所不同，普通車每100公里大約3 CUC，特殊列車每100公里要價約5.5 CUC，車廂裡全都是木條座椅，沒有臥

古巴鐵路在1837年建成，是世界最早擁有火車的地區之一，如今卻沒落到連當地人都不屑搭乘，且班次過少，因此僅有單向鐵軌。（照片提供：蕭潮州）

鋪或餐車。

　　這讓我想起，有一群阿根廷朋友到古巴自助旅行時，預計從某個城市搭巴士到卡馬圭（Camagüey），之後再一路往東到聖地牙哥德古巴。為了省錢，他們決定改搭普通火車去卡馬圭，然後再搭長途巴士到東邊的聖地牙哥。可是他們萬萬沒想到，到卡馬圭這短短140公里的行程，竟然花了將近5個小時；不僅車廂破舊、廁所髒亂，到處都可看到蟑螂，座椅則是一排一排用木頭做成的椅子、沒有椅墊，兩個人還得肩並肩地坐在一起。

　　我朋友說，他當時坐到屁股快爛掉，早已麻木無感。之前他曾旅行過許多個國家，覺得緬甸的火車已經算是非常落後，結果來到古巴，發現原來這裡的火車才是全世界最糟糕的！還好他們只搭了140公里的火車，後半段到聖地牙哥德古巴的500公里則乘坐長途巴士，也算是不幸中的大幸。

　　2016年去古巴考察時，我又特地詢問導遊：「你們在古巴會搭火車嗎？」

有趣的是，跟幾年前一樣，司機冷笑了兩聲，而導遊則冷冷地回我：「我最後一次搭火車應該是十二年前了，火車是全古巴最糟糕的大眾運輸工具！」

導遊開玩笑地說，他懷疑每個火車司機在卡馬圭是不是都有秘密情人？因為火車每次到卡馬圭就會故障，得花好幾個小時修理。此外，古巴的火車也常有小偷出沒，列車靠站時，上車賣東西的小販有可能會伺機偷竊，所以行李不要放置物架，睡覺的時候最好抱著，以免被竊。

在古巴，鐵軌上大部分時間都空蕩蕩的，少有火車行駛；不像其他國家的鐵路設施都是雙向配置，這裡因為班次不多，所以只需要一條單向鐵路，也無須會車。除了貫穿東西部大城的主要鐵路外，其他的鐵路支線大多用來運輸貨物或是軍隊。不過，在古巴寄送物品非常不方便、送達時間也長到無法想像，用「遙遙無期」來形容，我個人覺得還滿貼切。寄件人必須親自把包裹拿去火車站窗口寄送，過了半個月、甚至一個月，對方收到通知後，必須親自去當地火車站領取才行，而且還要禱告祈求上帝，拿到物品時，外包裝骯髒不堪就算了，內容物不要損壞就謝天謝地！這是在台灣的我們很難想像的情況。那次去考察時，我在古巴鄉間曾親眼目睹一輛由生鏽的公車改裝的破舊火車，馳騁在南北向的鐵軌上，原本的公車輪胎竟被換成可以在鐵軌上行駛的輪子。

我驚訝地轉頭問當地導遊：「這是合法的嗎？」

「當然呀，這是國家建立的！」導遊理所當然地回應。

「可是這輛公車不會跟火車相撞嗎？」我接著問。

導遊一臉不可思議的表情，似乎在說這是什麼白癡問題，「當然不會，它就是火車呀！」

這時我恍然大悟：「說得有道理！」能夠看到這樣奇特的交通工具也算幸運！

他進一步解釋，這種火車通常只出現在偏僻的鄉間，負責小鎮之間的運輸，在像哈瓦那這種大城市是完全看不到的。

我看著車窗外一望無際的玉米田，想著，殖民地時代的古巴富裕興盛、交通繁忙，擁有當時最發達的火車運輸系統，是西班牙帝國的蔗糖集中地。然而經過了五十年共產主義的統治、美國禁運與自我封閉，古巴卻成了貧困、落後、停滯的代名詞，從古巴火車的沒落，可見一斑。

在物資極度缺乏的古巴，許多日常用品不是那麼容易取得，因此只能善用手邊既有的東西來變通，不要說把公車改裝為火車，就連家裡的電鈴壞了，找條繩子、綁串鈴鐺，就可充當電鈴；或是將抽水機用鐵絲網綁在腳踏車上，就成了一台機車。許多外國人看到這種情況或許覺得有趣，可是對古巴人來說，卻是無奈之下的做法，但卻也展現了他們的堅毅與智慧。

救命的洋芋片

由於古巴的航空與火車都不是那麼便捷，因此外國遊客通常都會選擇搭乘長途巴士在各個城市間移動，只是古巴境內的公路路況不好，柏油路面經常凹凸不平、坑坑疤疤，晚上也沒有路燈，有些路段遇到大雨更是泥濘不堪，難以行走。

有一件令我印象深刻的事，同樣發生在2016年7月。某一天下午，正當我

在古巴鄉間親眼目睹這輛由生鏽的公車改裝的破舊火車馳騁在鐵軌上，原本的公車輪胎竟被換成可以在鐵路上行駛的輪子！

們即將抵達東邊的聖地牙哥市時，離目的地大約還有半小時車程，天空突然下起滂沱大雨，路上的積水及坑洞，讓我們坐的這台車齡已經十幾年的韓國現代汽車變得搖搖晃晃，因此大家決定先在橋下躲雨並略作休息，等雨小一點再上路。

我請司機到車子後方幫我開後車廂，並從行李箱拿了一罐在台灣買的蜂蜜芥末口味洋芋片，當作下午點心。我永遠記得當他和導遊看到這罐洋芋片時，眼睛都亮了的表情。導遊告訴我，這罐在台灣大約100多台幣的品客，在古巴商店差不多賣3 CUC，但口味沒有這麼多種。大家可別忘記，古巴人平均月薪才25～30 CUC，這罐洋芋片就要花他們十分之一的月薪，是一般人吃不起的高級進口零食啊！

導遊跟司機在我極力慫恿下，很客氣地拿了一、兩片吃，而當我們站在後車廂旁邊吃邊聊，司機突然瞄到左後方的輪胎竟然沒氣、爆胎了！看起來似乎是被路面上的小石頭刺破，頓時我們三人面面相覷，無法理解剛才一路上怎

在古巴這樣的國家，道路救援服務效率低下，不知道車主要等多久才可將車子拉上來。
（照片提供：蕭潮州）

麼都沒發覺，更無法想像，萬一在高速行駛的公路上爆胎，會造成多麼嚴重的損傷？

地下野雞車

在古巴東部，有時會看到一個簡陋的小亭子孤零零地立在荒郊野外，沒有椅子，只有屋簷跟幾根支撐的柱子，兩三個人站在裡面等著。

記得第一次看到這樣的景象時，我百思不解。第一、這些人從哪裡冒出來的？周圍都是荒野、連一戶住家也沒有；第二、亭子沒有任何站牌或標示，他們到底在等什麼？

後來經過當地人的說明才知道，除了長途巴士外，古巴東部還有另一種大眾運輸工具──「卡車」，行駛於連結各東部城市的國道與省道。

由於古巴東部幅員廣大、偏僻荒涼，交通極度不方便，所以當地人往往

專行駛於城鎮之間的地下野雞車，不僅不合法、且事故風險也高，但由於交通設施極為缺乏，政府也無力改善，因此只能放任這樣的私營卡車繼續營運。

得走數公里到省道旁的亭子裡等「卡車」。這種原本運送貨物的交通工具車身破舊，司機在後面放置貨品的地方裝上左右各一排的長木椅，讓乘客可以面對面坐著，專門行駛於城鎮之間。它的收費便宜，每100公里大約只要40CUP（不到2 CUC），屬於私人所有，乘客通常都是較為窮困的當地人，外國遊客不太會去搭乘；車子裡有時還會裝上冷氣或電視，提高乘坐的舒適度。不過這樣的「卡車」其實是違法的，不僅車齡高、常故障，沒有保險，連司機是否領有大卡車駕照都不清楚。幾年前在省道上曾發生過一場大車禍，卡車翻覆造成數名乘客死亡，經調查才發現，司機只有機車駕照，連普通汽車駕照都沒有。雖然這類大眾運輸工具不合法、事故風險也高，但由於當地交通設施極為缺乏，政府也無力改善，因此只能睜一隻眼、閉一隻眼，放任這樣的私營卡車繼續營運。

離開哈瓦那後，這樣的人力三輪車極為普遍，是當地人使用率很高的大眾交通工具。

行在哈瓦那

　　總人口數約210萬人的古巴第一大城哈瓦那,如果加上居住在外圍、每天進城工作的通勤者,大約有300萬人左右。雖然哈瓦那的汽車數量眾多,但大多都是高齡的古董車,不少車子不能發動,也沒錢修理,所以75%的居民每天都得花大量的時間在通勤上,尤其是尖峰時刻,車站跟車廂滿滿都是人,擠得水洩不通。

　　每次帶團回阿根廷時,我都會很自豪地跟團員說,布宜諾斯艾利斯在1913年就有了第一條地鐵線;這條地鐵線讓阿根廷成為南半球第一個、也是第一個西語系有地鐵的國家,但是古巴呢?至今卻仍然沒有地鐵,政府似乎也沒有任何規劃,或者說沒有經費來建造。

　　哈瓦那常見的大眾運輸分為下列幾類,除了常見的公車、計程車外,還有以觀光客為主的椰子計程車:

- **公營巴士**:是政府營運的公車,大多是兩截式車廂,偶爾也可以看到只有一個車廂,無論遠近,一趟都只收取4毛CUP(1CUP = 1/25 CUC),價格非常便宜,所以乘客以比較貧困的居民為主。有趣的是,因為古巴目前已經很少看到1毛、2毛CUP,所以許多當地人上車都直接投1CUP。

- **私營巴士**:外觀漆成黃色、類似美國學校的公車(school bus),由政府將車輛出租給私人企業經營,票價較貴,但車上有冷氣,搭乘一次約5 CUP,不限遠近。

　　順帶一提,中南美洲及加勒比海等國家,包括古巴、多明尼加、哥倫比亞,都以guagua稱呼當地的巴士,我曾問古巴人這個稱呼的由來,不過沒有人知道,只說guagua這個發音聽起來很像嬰兒的叫聲。

- **Botero共乘古董車**:這種五、六〇年代的古董車,也是古巴街上常見的車型,隨招隨停,依里程數計費,一個人的票價約10～15 CUP(5毛美金左右),可以坐10公里。若超過10公里車費可能達20 CUP或更多,通常可以議價,特色是可以共乘。

Botero跟一般計程車不同的是,走的是固定路線,如果目的地無法直達,

乘客就必須轉車。舉個簡單的例子來說，如果信義區到台北車站沒有botero可直達，可以先到馬路旁攔車，若還有空位，司機會停下來，然後得先跟他議價：「到忠孝新生路口要多少錢？」同意價格後上車，坐到忠孝新生路口之後，下車再招另一輛有到台北車站的botero。

記得有次在哈瓦那，我從飯店穿過小巷子來到一條人來人往的大街，拿起相機，希望可以捕捉更多平民百姓的生活樣貌。這時一位約二十多歲、穿著藍色碎花洋裝的古巴女孩，從我前面走過，她戴著太陽眼鏡、手上挽著一個藍色皮革包包，長髮盤在頭上，就在離我二十多公尺的地方攔車，看樣子是要去參加某個重要約會。

當場我立刻下了一個結論，「這是我來古巴這麼多次，見過最美的女生！」

她前前後後攔了好幾輛古董車，而我也默默地拍了好幾張她的背影照，發現她在跟司機講價，可能是價錢談不攏，最後都沒有上車。

我心裡盤算著要不要上前去搭訕，但也不知道該說些什麼，會不會太不禮貌？就在我猶疑不定、裹足不前的瞬間，來了第三輛古董車，這位妙齡女子跟司機講了幾句話之後，就打開車門擠了上去。那時車上已經有三、四位乘客，但由於古巴政府並未嚴格控管汽車載客量，所以只要乘客不介意，司機也來者不拒。

就這樣，我眼睜睜地看著那位讓我想起初戀滋味的女孩從眼前消失。要不是當時車上已經擠滿了乘客，還真的有股想跳上車的衝動啊！

- **私人計程車**：有點類似Uber，通常是十幾年以上的私人轎車，車上有冷氣，有專屬司機載乘客到目的地，也可以等乘客辦完事或買完東西再載他們回家。這種私人計程車可以議價，但是以CUC計價，搭乘一次大約10幾到20幾元CUC，所以主要乘客都是外國觀光客、出差人士，或和旅遊相關、有機會賺外幣的古巴人。我認識的一個當地導遊說，有時他手頭上有點餘錢，又懶得花時間等公車時，就會搭私人計程車。對他來說，那是一種小確幸。
- **計程車**：哈瓦那也有像其他國家一樣的黃色計程車，可以依照車錶、以哩程數計價，或是直接跟司機議價。

哈瓦那獨有的雙截式公車，無論遠近，一趟都只收取4毛CUP（大約0.016歐元），票價便宜到無法想像。

哈瓦那街頭拍到的一台私營公車guagua，以及一台古董計程車botero。

那天下午我站在這條大馬路街頭觀察路人，看到這位女孩很有耐心地攔下每一台經過的botero並詢問價格，最後選中這一台，滿意的上了車。

全世界大概也只有在古巴才可以看到這樣的特殊景象：美製五〇年代古董車、椰子計程車司機與馬車大合照。（照片提供：蕭潮州）

● Coco Taxi 椰子計程車：是哈瓦那特有的交通工具，由機車改裝而成，後面有兩個輪子，整輛車再裝上半圓形、類似椰子的黃色擋板。除了司機外，後面有兩個座位，有點像東南亞常見的嘟嘟車。這種車沒什麼爬坡力、噪音大，坐在上面又熱，雖然可以議價，但費用不便宜，跟計程車差不多，所以一般古巴人不太會去搭乘，以觀光客為主。

以我設計的古巴行程來說，我會在團員們逛完某個景點要回飯店時，將原本的遊覽車改為椰子計程車，讓他們體驗一下。看著十幾台椰子計程車在街上轉來轉去，發出嘈雜的噪音，一副標準觀光客的模樣，還真覺得不太好意思！

有一次我一個人從哈瓦那老城區要回飯店時，因為時間稍晚，所以攔了一台椰子計程車，司機說到飯店要10 CUC。我胡亂出了一個價：「8 CUC？」沒想到司機竟然一口答應。

「可惡，早知道應該出價再低一點！」

於是我搭著他的Coco Taxi，一路吹著加勒比海風，伴隨著嘈雜的機車

椰子計程車司機Julio將我從老市區載到飯店，短短不過10分鐘路程竟然收了我8CUC，難怪說一天只要接三趟外國遊客就可收工。（三次就等於一般公務人員的月薪！）

聲，慢慢地駛回飯店。

　　司機名叫Julio，年紀看起來應該跟我差不多，我問他：「任何人都可以當Coco Taxi的司機嗎？需要什麼條件？」

　　「Coco Taxi跟其他大眾運輸一樣都是屬於政府，每天需要支付15 CUC的出租費，不過車子的保養、修理得自行負責。我們這行也有分等級，一開始得從coco Taxi的小弟做起，負責清潔、修理，慢慢往上爬，到最後才有資格當司機。」Julio回答道。

　　相較於古巴人月薪20~25 CUC，一台椰子計程車的日租金竟然高達15 CUC，未免太貴了吧?!

　　Julio跟我說，他每天只要開個兩三趟就可以回本了，如果在旅遊旺季，每天賺的錢可是日租金的好幾倍。

　　這幾年來古巴政府為了拯救經濟，極力發展旅遊業，隨著政策逐漸開放，觀光客湧入，原本共產主義統治下的古巴變得不一樣了，只要與旅遊觀光沾上

親自來一趟就會發現哈瓦那國際機場滿落後，但國際班機不算少。古巴與世界的連結其實很緊密。

邊的工作，像是導遊、司機甚至是飯店提行李的小弟、清潔人員，月薪都是一般古巴人民的好幾倍，甚至幾十倍；反觀需要高度專業的醫師、工程師，每個月收入頂多25~40 CUC，這樣的情景，我想也只有在古巴才看得到。

另外一個問題，則是外國遊客人數每年大幅成長，但便捷的大眾運輸，包括航空與鐵路系統卻沒有同步跟上。不少航空業的評比機構或各國的旅遊論壇，只要提到古巴航空，大多以安全性不夠、服務差、班機誤點嚴重做為結論；至於理應是長途旅行首選的交通工具——火車，更是讓許多觀光客詬病，最後只能屈就於價格不便宜、服務也不好的巴士。

就目前的情況來看，古巴政府似乎還沒有意識到改善大眾運輸系統的重要性，或者是政府根本沒有財力可以做任何改變。但我仍期盼，未來古巴的基礎建設可以隨著旅遊業的蓬勃得以改善，讓大家不需要再為交通工具的選擇而煩惱，古巴人民也能減少不必要的通勤時間。很多人問我：「到古巴自助旅行安全嗎？」我都告訴他們，古巴絕對安全，要注意的反而是古巴交通工具的安排和時間規劃。與台灣、亞洲、歐美等地，甚至交通沒那麼便利的南美洲國家相比，古巴的大眾運輸系統超乎想像的不便與複雜，像是車子永遠無法準時到達、等車常常等到天荒地老，搭計程車前還得先殺價、轉好幾趟車才能到目的地，或是與三、四個人同擠一台車。因此，每次從古巴回來，我總是慶幸自己生活在交通無敵便利的台灣啊！

6

消失中的
古董車王國

相信不少人都看過《玩命關頭》系列電影，記得當時還是高中生的我，在看了第一集後，便深深的愛上了戲裡尬車的極速快感，往後只要《玩命關頭》推出續集，我一定第一個去電影院報到。

《玩命關頭》第八集在2017年上映時，號稱是美國史上第一部在古巴拍攝的好萊塢大片。電影裡面由馮迪索所飾演的主角唐老大，來自古巴，第八集描述他與女友回到古巴度假後發生的一連串故事。由於唐老大的背景，再加上古巴政府剛放寬美國電影的拍攝限制，整部電影便理所當然地來到了古巴取景。而為了符合當地的歷史背景與人文環境，劇中的車子自然而然是古巴著名的古董車，看著唐老大開著五、六〇年代的古董車在街上展開追逐戰，有種莫名的違和感。

電影一開場就是熟悉的哈瓦那以及我曾去晨跑過的馬雷貢海濱大道，隨著劇情的發展，許多我鍾愛的古巴景點一一出現在大銀幕上，這些電影場景，相信對於很多台灣朋友來說應該是既新鮮又陌生。但是對於我來說，開場的這十幾分鐘，每個在哈瓦那街頭的片段，都讓我有種回到家鄉阿根廷的奇妙感受。

哈瓦那的味道

這些年我去了許多國家、無數個城市，發現每個城市都有它自己特有的味道。

在古巴，只要一下飛機，就可以聞到一股濃濃的汽油味，以及車子排氣管的黑煙味，全都是哈瓦那街上那些美國老爺車所排放出來。這就是哈瓦那的味道。

這些五、六〇年代的老凱迪拉克、老雪鐵龍、老福特，都是耗油、排氣量高的美國大車，在街上奔馳時，排放出來的黑煙之濃烈，讓人無法忍受。

古董車通常指的是車齡60年以上的老爺車。古巴全國的古董車數量似乎沒人做過正式的統計，粗估應該有60,000至75,000輛，其中2/3是美國大車、1/3則是蘇聯生產的汽車，這些不同時代的古董車並存在古巴島上，完整又殘酷地反映出古巴這幾十年來的歷史。

美國製造的古董車橫跨了三〇、四〇到五〇年代，當時美國主要的汽車品牌，例如凱迪拉克、克萊斯勒、福特、雪鐵龍、道奇、別克、普利茅斯等，都

能在大馬路上看到，這些都是在1962年美國對古巴實施貿易禁運之前所進口的。至於剩下的1/3古董車則是1962年到九〇年代，由蘇聯生產的汽車。古巴在成為共產國家、被美國施以貿易禁運制裁之後，便轉而投入蘇聯老大哥的懷抱，從蘇聯進口了許多汽車，贈送給對古巴有貢獻的專業人士或政府人員做為獎勵，普通人是買不到的。

　　除了古董車外，古巴街上還可以見到為數不多的亞洲車，大多是九〇年代後從日本、韓國或中國進口的二手車。這些車排氣量較小，屬於中、小型的現代化汽車，部分是政府買來做為對古巴有貢獻人士的獎勵，但有些是藝術家們自行從國外帶回來的；也有一部分的亞洲進口車被拿來當作遊覽車或計程車，載送觀光客。

　　在哈瓦那，常會有種懷舊感，無論是城市的景觀、建築或當地人的生活型態，似乎仍停滯於七、八〇年代；但是走在街道上，看見滿街奔馳的古董車，時空彷彿凝結一般，甚至回到了五、六〇年代。

在古巴不做一定會後悔的事：搭一台敞篷古董計程車，細細品味哈瓦那！

有幸搭到一台1914年生產的福特T型老爺車！儘管幾乎所有零件都已被替換，對於之前只有在書上跟電視上看過這車型的我，依然激動萬分。

　　哈瓦那街頭可以看到全世界獨一無二的景象，就是美製汽車與蘇聯汽車同時在路上奔馳著。五、六○年代美國古董車，例如雪佛蘭，顏色鮮豔、款式誇張，外型很像太空火箭；相較之下，蘇聯汽車外型四四方方，像個冰箱、皮鞋盒，完全沒有任何美感可言。除了一般轎車外，還可以看到電影裡常出現、載送小朋友的美國校車，以及蘇聯製造、專門運送軍隊武器到西伯利亞的軍用大卡車。美蘇兩國截然不同類型的車款同時出現在哈瓦那，呈現著一種和諧卻帶著詭譎的氛圍，與美蘇兩國曾經劍拔弩張的對立情勢迥然不同。

　　不過近來在古巴街頭，蘇聯製的汽車已愈來愈少見，反倒是許多老舊的美國古董車依然苟延殘喘地在路上行駛。我猜是因為外型的關係，畢竟美國車外型比蘇聯車好看許多，誰都會想多看一眼或拍張照留念，因此車主會想盡辦法維持它的性能。畢竟開一台車況良好的美製古董車在街上奔馳，是多風光、拉風的事啊！

在古巴不做一定會後悔的事

　　古董車可說是哈瓦那的代名詞，只要講到哈瓦那，一般人往往就會聯想到古董車。在古巴，古董車被稱為almendrón，通常指的是那種外型誇張、像火箭一般的五〇年代美國大車，因為這種車細細長長，像西班牙文中的杏仁（almendra）一樣，後來便衍生出almendrón這個名詞。

　　對許多古巴人來說，擁有一台保養良好的古董車是種榮耀，也是珍貴的資產。一輛八〇年代的蘇聯古董車售價約3,000~12,000美金，換作是almendrón美製古董車，一台至少12,000美金起跳，而如果是保養良好的敞篷古董車，售價則可能飆高到80,000美金，折合台幣要兩百多萬元。

　　Almendrón除了具有歷史價值之外，如果車況良好、外型拉風，還可以當作生財器具服務外國遊客，賺取外匯。通常觀光客到了哈瓦那，一定都會被這些酷炫的古董車所吸引，迫不及待想坐進去拍照或是搭車遊覽市區，因此許多古董車車主無不使出渾身解數，把車子擦得晶亮，希望靠著家傳的古董車，從遊客身上多賺點CUC。至於那些外型比較破舊、性能較差的almendrón，通常就只能做為當地人的計程車使用。

　　記得2014年我第一次帶團去古巴，那是台灣史上第一個十三天純古巴旅遊團，安排了一項特殊活動：讓團員們搭乘古董車，進行三小時的市區觀光。那一團人數不多，大約十六人，出動了六部五顏六色、不同款式的敞篷古董車，引擎聲轟隆作響，這個聲勢浩大的古董車隊，相當壯觀。我們在搭車欣賞沿途風光時，自然也成為其他觀光客眼中的景點，大家都拿起相機猛拍，那個當下完全可以體會到什麼是巨星般閃耀、鎂光燈的焦點。

只可遠觀的almendrón

　　自1962年美國實施貿易禁運政策後，古巴不但無法從美國進口汽車，甚至連相關零件也無法取得，所以一旦古董車壞了，車主就得想辦法自己修理，找不到新零件的話，也只好發揮創意，找尋其他替代方案。

　　那些在哈瓦那街上行駛的almendrón，就像濃妝豔抹、打扮非常時髦的女

停靠在海明威最愛的小漁港柯西瑪的一台雪佛蘭,幾十年過去了,依然不失霸氣與魅力。
(照片提供:蕭潮州)

人一樣，遠看真的很漂亮，可是走近一看，才發現判若兩人。許多古董車遠看金光閃閃，鈑金、輪胎鋼圈、擋風玻璃還有皮椅都擦得亮晶晶，還配有CD音響，或是聲音獨特的喇叭，甚至內外都裝上了五顏六色的LED燈，可是坐進車裡，就會發現有些地方生鏽、零件鬆脫，還用鐵絲捆綁固定，跟酷炫的外型完全不搭。我常聽到搭乘古董車的觀光客稱讚司機貼心、服務好，上下車都會主動幫他們開車門，殊不知這並非出於禮貌，而是擔心這些粗魯的外國人力道過大，損壞了車子。

記得有次帶團在古巴搭古董車遊車河，車子開到一半時，突然聽到金屬撞擊路面的聲音，在司機緊急煞車的同時，我看見右前方的輪胎鋼圈就這麼滾了出去，急忙跑下去把它追回來，之後就將這個嚴重生鏽的鋼圈放在兩腿間，繼續一路走完行程。

許多古董車在打開引擎蓋後，看到的已經不是那種轟隆隆、踩下油門就可以立刻飆到150公里的原廠引擎，取而代之的是小小的、被南韓或日本淘汰的二手引擎。所以，如果你在哈瓦那看到超炫、超拉風的美國古董車時，一定要仔細聽聽，或許在它們霸氣的外表下，配備的是二手柴油引擎，正在有氣無力的運轉當中。

由於零件極度短缺，一台即將報廢的車子通常都會被拆解個精光，所有可再使用的零件也會被拿去販售，連一顆小螺絲釘都不放過。為了找尋合適的零件，車主們無所不用其極，除了購買或交換二手零件外，還會想辦法自製零件。比方說，古巴人會混合某種洗髮精、肥皂與食用油，做成一種液體當作煞車油。

我在古巴曾聽過這麼一句話，「由於沒有原廠零件，所以我們必須發明。」雖然透露著無奈，但也參雜著些許驕傲。因為，若不是憑著古巴人的聰明才智，怎麼有辦法發明出各式各樣的汽車零件呢？

許多古巴人為了幫他們世代相傳的古董車尋找合適的零件，甚至把腦筋動到其他機器或交通工具上。我曾聽說，有人因為找不到車子專用的避震器，所以用火車避震器取代，這些千奇百怪的零件就這樣被改裝到汽車裡，更讓人訝異的是，居然都合用。

雖然美國古巴之間的貿易禁運導致古巴人無法取得美製的汽車零件，但還

這一台福特almendrón，
車齡將近60年，但在車
主的悉心保養下，才將
古巴五〇年代汽車的絕
代風華延伸到今天。

是有不少比較昂貴的汽車零件會透過走私管道，進口到古巴。雖然這樣並不合法，但美古兩國政府往往睜一隻眼閉一隻眼，默許這樣的行為。

許多居住在美國邁阿密的古巴移民，他們會依據需求，在美國本土代買指定的汽車零件，加上20%手續費，賣給古巴車主；不過買家還得自行解決物品運輸的問題，最常見的就是找時常往返美古兩地的古巴人，把零件帶回古巴。

此外，古巴幾乎很少看到汽車維修廠，大家都習慣自己動手修理。我曾問當地人，「你們為何不找修車廠修理？」他們總是回答，「為什麼要送去修車廠？這些車子都是我們家族一代一代地傳下來，從小父親就教我們修車，車子裡裡外外我們再熟悉不過了，它就好像我們家族成員，所以零件維修絕對不假他人之手，一定自己來。」

曾有古巴朋友半開玩笑地說，「到今天為止，我們家古董車已經存活半個世紀以上，假如我們願意的話，一定可以讓它的生命再延續到下半個世紀。」語氣中既感慨又帶著驕傲。

古巴僅剩的幾萬輛古董車，都是靠著古巴人一代代的聰明才智，發明出各式各樣的替代零件，才讓這些車存活到今日。

有趣的是，古巴人雖然喜歡自己修車，但鈑金一定會找專業的鈑金工廠，讓師傅一小塊一小塊、慢慢地敲打，把六、七十歲的老爺車恢復到原來光滑的樣子，畢竟古董車靠的就是賣相，外表不起眼，誰會想搭呢？

跟著古董車，體驗五○年代的絕代風華

在我的古巴講座中，常有聽眾問，「在古巴能不能租台古董車來開呢？」答案可能會讓大家失望。在古巴租古董車，一定會有司機，由他負責駕駛，載遊客到想去的地方。

很多人會覺得「好可惜喔，都不讓我們自己駕駛！」

但大家仔細想想，一台古董車價值至少12,000美金，萬一車子發生了什麼意外，一般遊客根本賠不起！雖然車子外觀看似良好，但內部的零件可能多半耗損，再加上全都是手排車，離合器要如何踩、如何換檔，油門要踩多重、放多鬆，方向盤也不是油壓式的，轉彎時雙手要使盡全力才轉得動方向盤，若不是熟悉車子性能的司機或車主，根本無法駕馭。此外，坐進古董車之前，也無需抱持太多幻想，安全帶、汽車氣囊，這些都沒有，也不要妄想下雨時會有雨刷，在古巴搭乘古董車，如果前面的車燈有亮就算幸運了！至於安全措施，並不在考量範圍內。

古董車租借的據點多在觀光景點附近，例如Paseo del Prado普拉多步行大道、García Lorca劇院或是舊國會附近。看到一輛輛停在路旁保養良好、五顏六色的敞篷古董車，你可以自由選擇車廠、款式，議完價後就可以立刻出發。如果你對特定車款情有獨鍾，也可以上網預約，或在臉書搜尋「古巴古董車租借」關鍵字，就可以看到這類的服務。

租一台古董車通常一小時要價就要50 CUC，六小時則從150 CUC起跳。但如果租一台一般的亞洲房車，兩小時大約40 CUC，六小時則是100 CUC，與古董車的價格相差甚遠。只是，觀光客千里迢迢來到了哈瓦那，誰會想搭乘一輛現代房車去舊城區閒逛？當然是坐輛五○年代美製古董車，到海濱大道、革命廣場、舊國會繞繞，體驗一下哈瓦那真實的「味道」。

我常說，到巴西一定要去參加森巴嘉年會，在阿根廷一定要去看場探戈，

許多老爺車都裝了空調或者電風扇,否則在加勒比海悶熱又潮濕的氣候下,根本無法待在車內。

從沒有見過一台紫色的車可以美成這樣。太迷人了!

至於到了古巴，坐上一輛拉風的敞篷古董車，一邊兜風，一邊觀看哈瓦那的每條街、每張臉孔，這樣來古巴也不虛此行了。

即將消失的文化遺產

　　古董車是古巴歷經三個世代留下來的遺產。在美國禁運期間，它負責載運乘客，滿足古巴交通運輸的需求；隨著時間流逝，這些車子一代代傳承下去，成了家族的重要資產。近年來古董車則轉變為觀光旅遊的一大賣點，觀光客們莫不為之瘋狂。Almendrón不但見證了古巴的歷史，更為古巴賺進了不少外匯。

　　關於古董車，古巴人也有不同的意見。有人認為古董車又舊又不安全，應該要用廢鐵的價格賣掉，或是由政府統整，將這些古董車賣給專門的收藏家，以換取較舒適的現代車款。可是也有不少古巴人覺得這些古董車陪著他們長大，是古巴歷史的一部分、社會的縮影，絕對不能輕易地淘汰。

白黃還是鮮紅？當然選紅色！常幻想自己擁有一台這麼拉風的車，古巴讓我稍微滿足了自己的虛榮心。
（照片提供：蕭潮州）

隨著美古關係回溫，古巴人對貿易禁運的解除有了各種幻想。有人希望禁運解除後，可以把家中的古董車以更好的價格賣給美國收藏家，只是這些外觀維持良好的古董車，內裝與零件已非原廠，是否有收藏價值，能否吸引收藏家高價收購，還有待商榷。有些人期待美國會開放將車子進口到古巴，有些較悲觀的古巴人則擔心，美古貿易禁運一旦解除，反倒會吸引大批美國企業前來投資，例如到古巴建立現代化的計程車公司，賺取古巴人的錢。

無論如何，可預期的是，隨著美古貿易鬆綁，一定會有愈來愈多的外國企業進駐古巴，也會有愈來愈多的進口車在古巴街頭馳騁。近年來我發現古巴的古董車逐年遞減、進口車愈來愈多。據說在2012年，古巴路上的三台汽車裡，有一台是1960年之前出廠的車子；但是到了這兩年，五台裡才一台是古董車。

古董車是古巴經濟、歷史所留下來的產物，更是古巴的靈魂元素，但它的數量正逐漸減少當中。如果再不去瞧瞧，以後可就很難看到了。

1. 2014年開始安排旅遊團搭乘敞篷古董車做哈瓦那市區觀光。這種第一次觸摸或搭乘的興奮感，獨一無二！

2. 車輛的顏色繽紛大膽，如同古巴人的個性一樣，開朗熱情。

3. 坐在美製古董車經過前古巴國會，還真有種錯覺，彷彿回到了五○年代的美國。

4. 老爺車配上現代音響與LED裝飾燈，這種配置看似很炫，卻也大幅降低了這些老爺車的收藏價值。

7

「特殊時期」：
落後還是先進？

1959年共產黨占領了古巴，由反美國帝國主義、奉行社會主義的菲德爾・卡斯楚執政，美國為了推翻卡斯楚政府，於1961年策劃了「豬玀灣事件」，策動反卡斯楚與已逃離的古巴人進行一連串反政府活動，可惜最終以失敗收場。1962年起美國對古巴實施禁運，古巴轉而尋求蘇聯政府支持，因而接受了蘇聯長達三十年的援助。

　　當時古巴從蘇聯進口廉價的石油、農業用品，還有藥品與工業用品等；但很不幸地，1991年蘇聯解體，新建國的俄羅斯中止對古巴的一切援助，導致古巴經濟和人民生活大受影響，國民生產毛額GDP不到三年就急速下降了36%，進出口貿易及石油進口量也大幅下滑，面臨了前所未有的經濟危機。卡斯楚緊急宣布，古巴進入了和平時代的特殊時期（簡稱特殊時期），並推行許多政策，以確保社會與經濟的安定。

　　由於古巴的石油仰賴蘇聯進口，石油匱乏成了這個特殊時期的最大問題，古巴政府也推出了因應措施：

古巴政府在九〇年代宣布「自行車的時代已經來到」，在最高領導人的號召下，古巴人民開始學騎腳踏車。

- **進行都市規劃，縮短人民通勤的距離**：無論工作或上學，只要走路可以到達，就無需搭乘任何交通工具。
- **推廣自行車**：古巴政府在九〇年代從中國進口了上百萬輛自行車，國內也自行生產幾十萬輛，增設並改善原有的自行車道，還推出了可以搭載自行車的公車。當時卡斯楚還曾對人民宣布，「自行車的時代已經來到，騎自行車不但增進身體健康，也很環保，在其他國家，例如荷蘭也相當普及，我們應該效法學習。」在最高領導人的號召下，古巴人民開始學騎腳踏車。
- **增加交通工具的載客量**：例如在大卡車後面，裝上兩排椅子增加載客人數；或是增加單車後座的座位數，古巴人稱為bicitaxi（bici是bicicleta單車的縮寫），這種配有馬達的三輪計程車後座可載兩名乘客，司機以踩踏的方式發動引擎。
- **以動物取代原有的交通工具，例如大量使用馬車。**
- **飛鴿傳書**：理應出現在武俠小說裡的飛鴿傳書，在特殊時期卻相當普遍；利用鴿子幫忙送信，取代了原有的郵遞服務。

特殊時期期間，除了交通運輸不便，許多公共建設也停滯不前，像是古巴的高速公路只涵蓋境內49%，之後就停止建置，原有的道路橋梁、鐵路等基礎設施也因為缺乏經費維修而損壞。

等了十小時的公車

一位古巴朋友跟我描述了一段自己的親身經歷。1999年，他還是個16歲的中學生，與母親住在哈瓦那郊區。有天晚上他與母親打算去哈瓦那老城區拜訪外婆，但因為沒有電話，無法事先聯絡，殊不知道外婆也碰巧去找他們。當時哈瓦那郊區與老城區之間的公車只有兩班，他們從晚上八點多等到隔天早上六點多，好不容易才搭上公車，但到了外婆家，發現她已離開家。

由於無法預測公車什麼時候來，所以大家都會待在公車站等車，一等就是好幾個小時。幸運的話，可能一小時就有公車，否則只能癡癡地繼續等，也因此公車站成了古巴人聊天聚會的場所。

我好奇地問他：「那時的治安如何？」

「非常安全，因為大家什麼都沒有，所以也不會有人想去搶或偷。」

對我來說，短短十公里路程卻要耗上好幾個小時才能到達，是不可思議的事，用走的都比較快。但仔細想想，環境會改變一個人的習慣，或許換作是我生活在九〇年代的古巴，也會覺得是理所當然的事吧？

缺水、缺電、缺糧

古巴從1959年開始實施食物配給制度，但到了特殊時期，食物配給更為嚴苛。古巴糧食危機剛開始時，政府的糧食配給量根本不夠，所以古巴人大都經歷過飢餓之苦。根據統計，1989年古巴人平均一天攝取的卡洛里為2,845大卡，到了1994年卻降至1,863卡，與醫生建議的2,100~2,300卡相差甚遠，而古巴的老人跟小孩每天只能獲取1,450卡；在1990~1995年這段期間，平均每個成年人因此少了5~25%的體重。

當時有個笑話是這麼說的：

「公車」在古巴叫做「阿斯匹靈」，因為每四小時才來一班。

「牛排」叫做「耶穌」，因為每個人都在說他，但卻沒人見過他。

「冰箱」稱為「椰子」，因為裡面只有水。

這些雖然都是古巴人用來自嘲的笑話，但聽在外人的耳裡，不免感到心酸。

儘管如此，在燃料供應幾乎為零的情況下，卡斯楚仍然堅持社會主義的路線。為了維持社會正常運作，政府推出了「零行動計畫」，每星期會有一天全國停電，城市、農村只能依靠原始燃料維持生活，例如燒柴、人力等。據說由於電力供應不穩，停電早已成為家常便飯，並非只有一週一天而已。此外，停水的情況也常發生，供水車通常三天來一次，大家得拿著瓶子或水桶去裝水。衛星照片也顯示當時古巴市區大多一片漆黑，與北邊燈火通明的美國相比，猶如黑夜與白晝。

古巴的農業過去以出口為導向，種植許多菸草來製作雪茄，甘蔗則是製成糖或蘭姆酒。古巴出口大量的糖到蘇聯，蘇聯則提供廉價的石油給古巴，但1991年蘇聯解體後，古巴決定不再種甘蔗、菸草，改種植水果和蔬菜。加上石

人民被迫運用小智慧來解決生活中的大小事。

油匱乏,無法提煉化學肥料、使用耕耘機等機械器具,因此無法發展現代農業,只能專注於傳統農業,也就是現代人說的「有機綠色農業」。

　　為了增加更多的糧食來源,古巴人民開始在住家周圍或自家陽台種植蔬果,也因此促成都市能源的誕生,就是把既有空地、綠地改為小農場,稱為「有機庭園」。當時古巴的有機農作耕耘面積高達80%,都市人口大量移居鄉村、從事農業工作;政府也重新分配土地,免費租給農民,讓每個人都有地耕種,許多小型農場應運而生。為了減少長途運輸,農產品改為在當地種植、銷售、食用,並以耕牛代替自動化器具。

以物易物,只求溫飽

　　我在古巴的導遊朋友Ailen告訴我,九〇年代,她母親原本在哈瓦那著名的酒吧La Floridita當服務生 (據說過去海明威每天都在這裡喝Daiquiri調

如同這五十多年來古巴人從沒放棄過的生存信念，過去的豪宅如今靠著支架也依然屹立不搖。

酒），由於沒有足夠食材與酒類可供販售，所以酒吧歇業，她母親也因此失去了工作。幸運的是，他們家有些親戚住在美國，常常從美國帶衣服送給當時只有十歲的她。

　　Ailen的媽媽每週都會帶著她到鄉下，拿她穿不下的衣服去交換蔬果、雞蛋、肉類及洗髮精、肥皂等日用品。他們還在哈瓦那的家裡養了雞，沒殺生過的母親為了要煮雞肉給家人吃，只得硬著頭皮學習殺雞。

　　她說，「當時家裡養雞養豬就跟現在養寵物一樣。我們算是幸運的，有機會吃到雞蛋、肉、牛奶，但其他人可就沒那麼幸運了，有時為了求溫飽，聽說連狗跟貓也宰來吃。」

　　那時也有不少古巴女性為了多賺些錢，白天工作，晚上則出賣自己的肉體。九〇年代的古巴也因而成了許多西方人，尤其是歐洲人的買春勝地。

　　Ailen有個女性好友就曾被包養，只要男人為她買幾件衣服、給她地方住，就跟這男人在一起。當男人拋棄她，她也不難過，繼續找下一個願意提供

看過「五星主廚快餐車」的人聽到古巴三明治一定垂涎三尺，但其實真實的古巴三明治平淡無奇、食材普通但分量極大，目的是可以便宜又吃得飽。

吃住的對象。這種情況在當地十分稀鬆平常。

　　「後來她嫁人了，在美國幸福的生活，她老公應該不知道妻子曾有一段這樣的過去吧。」Ailen感慨地說。

一體兩面

　　特殊時期造成古巴經濟與社會的嚴重衰退，但後來許多學術研究卻顯示，這個時期的古巴人健康狀況反而有了大幅改善。當時古巴人平均壽命是77歲，與經濟富庶、生活無虞的美國人差不多（美國人平均壽命為77.4歲），罹患糖尿病、心臟病或中風等疾病的比例也減少，新生兒死亡率則下降至6.3%，低於美國的6.5%，其中主要原因包括：

　　●通勤方式改變：因為運輸系統不便，走路、騎單車的機會變多，運動量

因而增加。

- **飲食習慣改變**：肉類、牛奶不足，人民只好以蔬果替代，而蔬果裡面的高纖維有益身體健康。
- **菸酒花費高，因此人民只好開始戒菸、戒酒，以節省開支。**
- **由於藥物不敷使用，政府開始致力於草藥治療的研究。**

　　古巴在特殊時期所產生的農業方式，也被經濟學家視為都市農業最成功的例子之一。為了有效種植農作物，政府提供公共空間與種植技術，教導人民以傳統方式耕耘。以哈瓦那為例，哈瓦那這座城市有一半的土地面積都用來種植作物，讓人民可以自給自足。

　　特殊時期的古巴在能源消耗方面也非常低，每人平均能源消費只有美國的1/8。主要原因是石油短缺，導致古巴必須以低廉、自產的替代能源，例如利用風力、水力，甚至是甘蔗渣來發電。這樣的做法在現在看來反倒符合「節能

曾經的繁華歲月，如今只剩下破敗。後面是1929年建成，仿美國華盛頓國會大廈的古巴國會，1959年革命後改為古巴科學院。（照片提供：蕭潮州）

減碳」的精神。

處於現今人口爆炸、糧食短缺、能源不足的時代，世界各國都在討論如何因應，古巴在特殊時期所推行的各項政策，反而成了大家的典範，像是都市農業的發展，以替代能源取代石油，以單車、步行代替搭乘交通工具，飲食以高纖為主等。

對我而言，古巴的特殊時期其實是一體兩面：一面是落後、飢餓、貧困；但從另一方面來看卻又相當先進，值得學習。

1997年，菲德爾・卡斯楚對全國人民發表演說，除了感謝民眾的支持與配合，也再次強調古巴政府在這段期間亮眼的表現，例如嬰兒死亡率降低、平均壽命仍維持一定水準、免費醫療及教育普及，顯示國家雖然處於資源短缺的狀態，仍持續維持正常運轉。1998年委內瑞拉總統喬維斯上任後，就成了古巴重要的盟友，這個產油大國開始輸出大量廉價石油到古巴，解除了古巴的能源危機；除此之外，拉丁美洲國家裡有不少政治立場偏左的政府陸續執政，例如玻

「一往無前，直至勝利！」菲德爾・卡斯楚在特殊時期絞盡腦汁帶領人民突破危機，完全貫徹了切・格瓦拉生前曾對他說過的這句名言。

利維亞也大力協助古巴走出經濟危機。

　　21世紀的現在，古巴在經濟上愈來愈開放、政治立場也漸漸偏右，隨著改變速度愈來愈快，人民的生活也逐漸獲得改善，但1991年蘇聯解體後即宣布開始的特殊時期，古巴政府卻至今仍未正式宣布結束。到底是不想承認古巴曾遭受巨大危機？還是認為古巴仍有潛在危機不能鬆懈呢？

不是靠一篇文章就可以完整描繪出「特殊時期」古巴人的艱辛與勇氣。

8

得到救贖的生存之道：
成為藝術家

在哈瓦那，只要是觀光客聚集的景點或是飯店附近，總會有不少畫家在街道兩旁兜售自己的畫，他們的畫作內容多半是古董車、海邊比基尼女郎、海明威、蘭姆酒或是切·格瓦拉，這些遊客們對古巴的既定印象。通常這些畫的筆觸都很簡單也很容易複製，所以最後會發現其實都差不多，有些甚至一模一樣，不禁讓人懷疑這些畫是不是直接透過工廠大量生產的？

記得我多年前第一次到古巴時，也花了10 CUC跟街上擺攤的畫家買了一幅畫，畫裡有古巴地圖、古董車，旁邊還有知名蘭姆酒品牌的logo，如今仍放在我的書桌前。這幅畫對我而言，不過是一件紀念品，紀念我第一次踏上古巴的回憶。

Betty是古巴知名的獨立藝術家，屬於「古巴作家與藝術家協會」，簡稱UNEAC[1]其中一員；1975年出生於哈瓦那，在哈瓦那郊區有一間藝術工作室，位於一個靠近海邊的住宅區。2016年7月我去古巴時，出發前就已經跟這家工作室預約了導覽，到了古巴隔天立即和導遊趕去赴約。

坐在後院，Betty侃侃而談，對我仔細地道出了古巴藝術家的辛苦與得來不易的自由。

那裡的房子大多都是一、兩層樓的獨棟房舍，有著七〇、八〇年代簡潔的風格，高高的圍欄則讓每棟房子都能保有隱密性。而沿著住宅區再往前走一小段路，矗立著幾幢紅瓦建造、有白色牆壁、落地窗以及花園的小豪宅，其中一棟就是Betty的工作室[2]。

　　我們頂著加勒比海夏天酷熱的太陽，在這棟小豪宅門前等了約三十分鐘，到了九點半才有人來開門，當我正要小小抱怨一下對方的守時觀念有問題時，竟發現來應門的正是那位知名藝術家Betty，內心忍不住一陣竊喜。

　　走進屋內，裝潢很漂亮，就像我們在電影裡常看到的豪宅，客廳裡播放著優雅的交響樂曲、陳列所有的藝術創作，包括陶瓷做的盤子、容器、嵌在牆上的大型磁磚創作，還有許多幅油畫；其中最吸引我的是Betty的搪瓷作品，那是一種把玻璃質粉末溶解到陶瓷、金屬或玻璃等基質外殼的創作，例如溶到花瓶的外殼，做成具藝術感的花紋，花瓶外面就像上了一層亮面的保護膜。

　　Betty的作品顏色鮮豔，雖然抽象但意涵豐富，無論是畫作或陶瓷創作，都可以看到「人」的形象在其中，包括頭、四肢、身體等。她向我們詳細解說，「人」是她的靈感中心，每個人會因為種族、國籍、性別或所處的環境而產生不同問題，但人的思考能力、人的慾望則是全世界共通的。

　　當陽光透過五顏六色的玻璃，進入室內，襯托鮮豔豐富的藝術品，讓人感到和平和寧靜。有幸讓主人親自接待，真的替自己的幸運感到開心無比。看準時機，我問她是否可聊一些關於古巴藝術與藝術家發展等問題，她欣然答應了。

　　Betty帶著我們走到她的豪宅後方，那是一座精緻、有專人打點的小花園，裡面的陳設乍看之下跟我在阿根廷的家非常相似，有桌子、椅子，細心修剪的草坪與各類盆栽，彷彿置身於世外桃源。

---

1. 古巴作家與藝術家協會，簡稱UNEAC（Unión de Escritores y Artistas de Cuba），由古巴名詩人Nicolás Guillén於1961年8月22日所成立。這個協會聚集古巴境內所有的古巴藝術家，包括作家、音樂家、演員、畫家以及雕塑家等，協會成員之間彼此互相幫助，共同發展古巴藝術，也保護古巴藝術智慧財產權；同時透過舉辦研討會、成立工作室、舉辦節慶比賽或展覽等活動，將古巴藝術推廣至國外，成為古巴藝術家與國外藝術單位的溝通橋梁。許多年輕的古巴藝術家新秀也因為協會所提供的獎金，而得以在藝術領域持續展現長才。
2. 貝阿特麗斯・聖塔・卡娜藝術工作室（Proyecto Cultural Beatriz Santa Cana）。

從律師到藝術家

Betty這間工作室已經成立了兩年，而她本身投身藝術則有二十年之久。

「那之前的十八年妳都在做什麼？」我問。

Betty回道：「我大學其實是念法律系，畢業後工作了一段時間，因為無法忘懷對藝術的熱愛，所以才毅然轉換跑道。由於第一份工作存了一點錢，所以剛開始我先在家附近租一間小工作室，進行創作，以非主流的作品為主。後來得到藝術家協會、政府的肯定，漸漸打開知名度後，才有能力搬來哈瓦那海邊，成立了這間工作室。」

「在古巴要如何成為藝術家？怎樣才能建立知名度，獲得大家的認可？」我接著問。

「古巴的藝術家不像醫生或律師，從本科系畢業考上執照，就可以進入醫院或事務所開始工作。藝術科系的學生畢業後，只是習得了一些成為藝術家的工具而已，接著得利用這些工具進行創作、並融入自己的想法，發展個人風格。除了古巴藝術家協會之外，古巴有許多公營或私營的藝術相關協會，還有陶瓷博物館、美術博物館、畫廊等，經常會舉辦各種比賽或展覽。我會把作品投到這些協會，只要獲選參展或是比賽得獎，就可以獲得協會們的認可，還能豐富自己的資歷，知名度也會隨之增加。」

Betty繼續補充：「在古巴，只要不是替政府工作，或不在政府單位工作的人，例如導遊、運動家、私營餐廳老闆，就被稱為『獨立自主工作者』，而藝術家也是其中一個。政府會針對『獨立自主工作者』進行分級，從普通等級到藝術家等級都有；成為藝術家必須要得到古巴文化部所頒發的執照與協會的支持，才可以成立屬於自己的工作室及展覽室。」

說到這裡，我不禁想到那幅第一次來古巴所購買的畫作，以及那位不斷地向我兜售的街頭畫家，於是我問Betty，「街上或市集旁那些街頭畫家是不是藝術家？」

「那些在街上賣畫的人也是獨立自主工作者，但不是藝術家。每個人的想法不同，端看你想走的是哪一條路。如果只想很快地賺錢，那在街上畫畫未嘗不是一個選擇，但你一輩子可能就得做那些符合遊客們喜好的東西，例如畫一

Betty的作品抽象但意涵豐富，「人」是她的靈感中心。

台古董車、海邊比基尼女郎，或是海明威、蘭姆酒、切‧格瓦拉等。那樣的作品缺乏創作意念，也很容易複製，你會發現街上賣的那些畫題材幾乎都一模一樣，每幅可能賣個10 CUC，最多20 CUC，他們就是為了賺錢而賣畫。

　　「但藝術家則完全不同。要成為藝術家首先必須要具備兩樣東西，一是勇氣，另一個則是創造力。藝術家的路剛開始或許很難走、也很痛苦，甚至無法得知未來是否會成功，但總得要勇於嘗試，畢竟沒試過怎麼知道自己的能耐在哪？而創造力更是藝術家必須具備的能力，必須不畏主流、將自己的意念透過創作表達出來，並獲得協會們的認可。」

得來不易的自由

　　從事藝術創作的確是一條漫長而艱辛的路，Betty放棄了律師事務所的穩定工作，投身於藝術領域並且堅持到底，如今才有了這樣的成就，她的毅力與

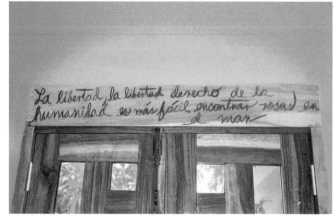

「自由，自由是人類與
生俱來的權利，但在海
洋中找到玫瑰應該比在
古巴得到自由的機率還
高吧！」

儘管只是一個空酒瓶，
在古巴都可以成為一件
藝術品。

藝術，或許是古巴人在
面對艱苦生活的一個抒
發管道，一個救贖之
道。

熱情著實令我欽佩不已。

　　我又問Betty：「古巴政府除了核准妳成為藝術家、開工作室、辦展覽之外，還有其他方式支持嗎？」

　　Betty想了想，苦笑地對我說：「政府最大的幫助就是給我們藝術家『自由』！」

　　「什麼？」我一時沒反應過來。

　　「自由」對一般人來說看似理所當然，但在古巴，卻是珍貴而不可得的。

　　據統計，台灣一年約40%的人民出國，無論是跟團或是自助旅行，只要辦完簽證（目前免簽證待遇已達一百多國）和護照就能出國，但這對古巴人民來說，卻是遙不可及的夢想。古巴國民所得過低，無法負擔昂貴的旅費，是一大主因；另外就算有錢想出國，也必須參加政府指定的旅行社、去特定的國家、走特定的觀光路線。此外，許多國家也會因為避免非法滯留或非法移民的考量，不願意發簽證給一般古巴公民，但藝術家或是運動員就不在此限了。

　　由政府所支持的藝術家們，只要有國外相關單位的邀請函，並通過對方國家的審核（例如需證明自己在古巴有資產收入，沒有非法滯留之虞），基本上很快就可以拿到簽證，可以到國外參加展覽。近年來愈來愈多國家核發簽證時，不再強制古巴藝術家、運動員附上主辦單位的邀請函，這也讓古巴藝術家有更多機會到世界各國展覽或比賽。Betty在古巴境內就有一個專屬的網站，除了介紹自己及作品外，也列出了曾去過的國家，不只歐美，還包括亞洲，甚至北京。

旅遊業是古巴的救星

　　另外，政府也允許這些藝術家們與旅遊業結合，透過遊客把古巴的藝術傳播到世界各地。

　　為了宣傳自己的工作室，Betty常常與古巴當地的旅行社或導遊合作，將她的工作室加入觀光行程裡，安排外國遊客來這裡參觀。Betty告訴我，礙於古巴網路普及率不到5%，她的網站內容以及所創作的藝術品，都只能給外國人看，自己的同胞根本無法欣賞，到後來外國遊客對她與古巴藝術的了解，反倒比本

地人來得多。來參觀Betty工作室的遊客以美國、加拿大人居多，歐洲人次之，至於亞洲則是日本及香港人占多數，而我則是第一個進入工作室的台灣人。

我看到每件作品旁都標著一個數字，從兩位數到五位數不等，基本上油畫不會超過8,000 CUC，壁畫大約介於10,000～15,000 CUC之間，雕塑或花瓶類的作品則是3,000～8,000 CUC。坦白說，這樣的價格對我而言真的太貴了，也難怪會購買Betty作品的遊客，大多是上了年紀、已經退休、沒有經濟壓力的美國人。美國對古巴長年禁運，更是讓這些美國老先生、老太太趁著好不容易到古巴旅遊時大肆收購一番，即使運費等同於所購買的藝術品，仍然心甘情願地掏出一疊疊現鈔到處「血拚」。此外，亞洲來的遊客也向Betty購買了不少藝術品。

與Betty聊天的過程中，她問我：「是否有可能把工作室納入台灣旅行團在古巴的行程之一？」

我想了一會兒回道：「依照這幾年我帶團、規劃中南美洲行程的經驗，台灣遊客喜歡拍照，對藝術品的興趣恐怕不高。大部分人之所以選擇古巴，主要是想來尋找、感受那種停留在五〇年代的氛圍，拍攝古董車、老建築、品嘗雪茄、蘭姆酒、認識海明威、古巴的革命文化等。或許妳那間精緻、充滿設計感的工作室，可以讓台灣遊客拍照留念，買些30 CUC左右的紀念品，但若是要像日本及香港遊客那樣購買三、四千美金，甚至高達八千多元的藝術品，恐怕是比較困難的。」

Betty理解地點了點頭，而時間也接近中午，是該起身告別的時候了。

在我們離開之前，Betty說了一段話，我非常贊同：

「依照現況，唯一可以拯救古巴的就是旅遊業。透過觀光旅遊的發展，不但可以帶來金錢上的收益，更重要的是能夠將國外的人事物與想法帶進古巴，促進古巴與外界的交流，無論是在資訊、藝術文化，甚至是自由思想等，藉此啟發我們古巴人民，進一步逼迫古巴政府做出改變。」

的確，古巴與美國結束近半世紀的敵對，漸漸恢復正常外交關係，也是因為古巴經濟出現了問題，必須做出讓步與改變；就目前的情況來看，發展旅遊業確實是最快的方式。而近年來隨著一批批外國觀光客湧入，讓古巴除了賺進大量外匯之外，也藉由頻繁的交流，對外面世界有更多的了解，在社會、文

位於南部小城千里達的La Casa del Alfarero，是一個有百年歷史的陶土工作坊，也是古巴少數被政府認可的藝術家集中地。

像這樣的畫廊在古巴隨處可見，但作品大同小異，作者並不能稱為藝術家，他們為了賺錢而賣畫，作品缺乏創作意念，也很容易複製。

化、思想各方面做出改變。

　　當我走出Betty的工作室時，回頭望了這棟與哈瓦那完全不搭的豪宅一眼，心想，Betty真的很幸運，她的努力讓她得到了應有的地位、知名度與財富，但這畢竟只是1,100萬古巴人民當中的少數。我為其他那些在破舊屋舍裡討生活的古巴人感到悲哀，並且衷心期望旅遊業的發展能為古巴經濟帶來改善，促使古巴政府在政治、社會等層面，做出更多的改變。

另一位藝術家José Fuster，不畏主流，經過多年嘗試，將自己的意念透過創作表達出來，如今位於哈瓦那的工作室已是一個著名的藝術殿堂，許多歐洲遊客來到古巴都指名要前往參觀。

9

偷渡，
通往天堂的唯一途徑

我曾經聽過一個笑話，有個古巴人為了要逃離古巴，就趁著莫斯科馬戲團來表演時，裝扮成猴子，躲進關動物的籠子裡。當馬戲團要離開時，馴獸師帶了兩隻獅子來到籠子前，這個古巴人非常緊張，一邊大喊救命，一邊把身上的猴子衣服脫掉，這時另一隻獅子小聲地跟他說：「喂！不要大叫，你這樣會害我們被發現！」

這則黑色笑話是一個古巴人告訴我的，聽起來有點淒涼，也顯示了古巴人有多麼想逃離自己的家鄉。

五、六〇年代，在一些月黑風高、風平浪靜的夜晚，古巴荒涼、沒有海防的北海岸，總是有一群人搭著臨時建造、破舊不堪的小木筏（當地人稱為chugs cubano），往北橫渡過150公里寬的佛羅里達海峽，他們只有兩個目的，一個是存活下來，另一個則是要抵達美國。

在將近六十年馬克思主義的統治下，古巴的生活水準遠遠低於拉丁美洲其他國家，人民貧窮困苦、對未來充滿絕望，所以為了追求更好的生活，許多古巴人寧願冒著生命危險，偷渡到美國。這些偷渡客多是20~40歲的青壯年、來自古巴各個城市，唯一的共通點就是對於古巴感到絕望，內心充滿追尋新生活的渴望。

如果順利的話，這些偷渡客會往北漂流，在食物、飲水耗盡、木筏馬達壞掉之前，抵達美國的佛羅里達州；運氣稍微差一點的，則是在海上就會被美國海防人員發現，將他們遣返送回古巴或第三國；而最糟糕的情況，就是永遠消失在鯊魚出沒的汪洋大海。

古巴有個家喻戶曉的機智問答，「為什麼在古巴沒有游泳池？」我想破腦袋也想不出答案，最後才知道答案是，「因為所有會游泳的人都游去了美國！」當然這又是一個古巴人發明用來自嘲的笑話，但仔細想想，連個性樂觀、隨和、容易適應環境的古巴人都想盡辦法逃離家鄉，他們在古巴所面臨的困苦，絕不是一般人能夠想像的。

但偷渡到美國的古巴人並非都是跨越這條150公里的海峽。舉例來說，2015年43,000名偷渡客裡，其中31,000人是從美墨邊界入境，很多墨西哥人也會循同樣路線偷渡到美國。想要到達美墨邊境一點也不簡單，因為得先跨越八個國家：首先在古巴買張單程機票飛到厄瓜多，再從厄瓜多經過哥倫比亞、巴

同樣是加勒比海，在外國人眼中宛如仙境，在古巴人眼中卻是阻擋前往天堂的一面高牆。
（照片（上）提供：蕭潮州）

天真的孩子們與外國遊客踢著足球，不懂大人們為了生存所背負的壓力與絕望。

拿馬到哥斯大黎加、尼加拉瓜、瓜地馬拉，最後再跨越領土遼闊的墨西哥到達美墨邊界，才能進入美國。這個漫長的旅途有時得花上好幾個星期、好幾個月的時間，甚至生命飽受威脅。

　　雖然從美墨邊境偷渡到美國長路迢迢，但大多數偷渡客還是選擇走陸地，原因是費用較為便宜。聽說如果從古巴坐船到美國，得付10,000美金給那些負責接應的偷渡集團；但如果是陸地，只需要付2,500美金。

美國送給古巴偷渡客的專屬大禮

　　美國是世界大熔爐，吸引了懷抱美國夢的各國移民以及偷渡客前來，他們相信在這個自由國度裡，只要努力工作，一定可以出人頭地，闖出一番成就。自六〇年代至今，古巴已有超過100萬人移民到其他國家，其中多數都到了美國，移民總人口超越了現在古巴人口的十分之一。1959年古巴共產革命勝利

後，美國政府對古巴採取敵視態度，兩國於1961年斷交，經過了六〇年代的古巴導彈危機，對古巴實施經濟封鎖、貿易禁運，直到現在。當時美國總統林登·貝恩斯·約翰遜為了進一步削弱卡斯楚政權，在1966年提出了「古巴調整法案」（Cuban Adjustment），古巴人民無論以何種方式偷渡到美國，不管是從陸地或海上，就算是在海上被攔截，都有權利在美國居留，居住滿一年即可拿到綠卡，成為美國的永久居民。藉由這種方式鼓勵古巴人民，尤其是知識分子，脫離卡斯楚政權。

到了1995年美國總統柯林頓做了一些修正，提出所謂「乾腳溼腳」（Wet foot, dry foot）政策：「溼腳」指的就是還在海上、美國境外，「乾腳」則是上岸的意思。

偷渡的古巴人民若在海面上或邊境遭美國執法人員攔截，就會被遣返古巴或第三國，但若成功踏上美國國土，居住一年後即可申請成為美國居民。這項獨厚古巴人的移民政策，引起全中南美洲國家的抨擊，認為美國應該一視同仁，放寬移民政策，但卡斯楚政權卻強力要求美國廢除這項政策，認為此舉無疑是在鼓勵古巴人鋌而走險，製造古巴國內的混亂。

天堂與地獄一線之隔

古巴偷渡客乘坐的小木筏（chugs cubano），也可以稱作為「船」，大小、形狀都不相同，連組成的材質也不同。很多「船」的馬達是從汽車拆下來，再裝到船上，有的甚至用除草機的馬達代替；材質則有用木板做成的小船、或是用帆布包起來，還有很多是把車子輪胎拆掉，直接改裝成小船。嚴格來說，這些小船根本無法航行於水上，更何況還得橫越長達150公里的佛羅里達海峽。船上唯一有的或許就是幾瓶水、一些可以果腹的餅乾、禦寒的衣服與航行所需的汽油。古巴偷渡客帶著這些家當，在缺乏航海知識的情況下，最後的結果可能是，食物、飲水耗盡，馬達、GPS導航故障，只能隨著海浪漂流，也不知道要往哪個方向去。幸運的人可能就漂流到邁阿密Key West海邊，運氣差的則被卡在佛羅里達外圍的島礁，無法再繼續前進。想要以簡陋的小船橫越這個鯊魚密布的海域，簡直有如登天！失蹤、死於海難，或是在海上與美國海

防隊對峙、以自殘方式威脅留在美國⋯⋯各種狀況都有。幸運者可能只要六天就抵達美國，也有人花了二十二天才到達。但是，只要一踏上美國陸地，馬上就有美國警察將他們安置到難民服務中心，包吃包住，或是送到其他州。美國政府也幫這些偷渡者安排工作，一年後就能取得居留權，永遠待在美國，過著與古巴天差地遠的生活。

偷渡者的心酸

2015年9月15日早上11點左右，一群在邁阿密海邊曬太陽、享受日光浴的遊客，突然看到遠遠地漂來一艘暗灰色、布滿鐵鏽的小船，上面載了12名古巴人，他們以雙手為槳、拚命地往前划，一靠岸便立刻跳下船、死命地往前跑，等到確定真的上岸之後，他們抱在一起又哭又笑、瘋狂地吼叫著，所有在岸邊的遊客紛紛鼓掌歡迎他們來到美國。

這十二名古巴人當中有十一名男性，年紀約20~40歲之間，和一位16歲少女，以及一隻名為Chiquita的小狗，他們經過了六天的海上漂流才抵達美國，雖然看起來身體狀況都還不錯，但據說已經兩天沒吃東西，有脫水的現象。

其中一名男性接受採訪時表示，他之前已經試著逃離古巴十九次，可惜都沒有成功；這次因為遇上惡劣的氣候，迷失了方向，在船上最後兩天因為食物耗盡、瀕臨絕望邊緣，只能不停地對上帝禱告，非常幸運地，當他們睜開眼睛時，竟然看到遠處有燈火閃爍，於是拚命向前，終於抵達美國岸邊。

另一名偷渡者因為小孩在古巴快餓死了，只好獨自一人來到美國，希望可以趕快賺錢回家。至於22歲的男孩則說，他現在唯一想做的就是好好地喝一杯啤酒、看電視，接著尋找他在美國工作的古巴朋友，也希望上帝可以帶給他一個美好的未來。還有一位21歲的男孩說，「我只想好好的工作跟享受自由。」

他們在稍微梳洗、吃了點東西後，便趕忙打電話給在邁阿密的親友們。還有一位歐洲遊客當場給了每人100美金。

以上故事只是網路上眾多感人的新聞影片之一，也對我們來說，按個讚、留個言就結束了，但對這些人而言，人生在這一刻徹徹底底地改變了。

然而，並非所有人運氣都這麼好，2016年3月，18名古巴偷渡者在海上漂

中午過後常會看到提著早上剛釣起魚的人們，挨家挨戶的販賣，只為了掙些生活費。

流了二十二天，最後在佛羅里達西部海岸被一艘載客量達2,000人的皇家加勒比海遊輪「海洋光輝號」發現並救了起來；這十八名生還者表示，這艘小船原本載了二十七人，其中九人在航行中死亡，屍體被丟入海中餵魚。雖然這群偷渡客僥倖存活了下來，但因為沒有抵達美國陸地，最後仍被美國海防部隊遣返送到墨西哥，無法成功進入美國。

坐木筏的小男孩

這些坐船偷渡到美國的古巴人被稱為balsero（意思是「坐木筏的人」），balsa就是木筏的西班牙文。在古巴最有名的balsero是一個名叫Elián González的小孩。九〇年代，Elián的媽媽帶著他，與其他偷渡者一起搭船逃往美國，但船上所有的人，包括他媽媽都死於船難，只有Elián成功抵達美國邁阿密海岸，被在美國的家人收留。這個案例看似有了圓滿的結局，但日後卻演變成

團員用拍立得拍了張照片送給這對小姊妹，孩子們第一次看到，愛不釋手。（照片提供：蕭潮州）

一樁政治事件。由於當初Elián是在沒有得到爸爸的同意之下，被媽媽帶往美國，所以仍留在古巴的爸爸堅持要他回來，但Elián跟他在邁阿密的親戚都極力反對，於是，整件事就成了美國和古巴之間的政治角力。

　　一位古巴導遊告訴我，那時古巴街頭天天都有遊行和抗議活動，他在大學時代也曾去馬雷貢大道參加示威，不過是被學校強迫的。後來美國政府迫於輿論壓力，便派了一組特種警察部隊前往Elián在邁阿密的家，強制帶走他並送回古巴。

　　整起事件被古巴政府視為勝利的象徵。為了感謝Elián的爸爸替國家爭取榮譽，卡斯楚政府還讓原本在披薩店打工的他，進入政府部門工作，賺了不少錢，而Elián則成了政治鬥爭下的犧牲品。這個真實故事後來被翻拍成電影，片名為《九十英》，指的就是偷渡客必經、長達150公里（90英里）的佛羅里達海峽。

美國夢幻滅

　　美國的「古巴調整法案」與「乾腳溼腳」政策給予古巴人相當多的優惠待遇。一般來說，任何非法進入美國的外國人必須證明自己是遭受政治迫害，才能享有居留在美國的權利，但古巴人完全不需要任何證明，即可享有庇難者的身分，以及食物救濟、工作保障、醫療保險，甚至SSI（Supplemental Security Income） 這類針對美國年長人士、殘障人士的機構也提供金錢救濟，反觀來自其他國家的合法移民在前五年，根本無法享有上述福利。

　　2015年古巴裔的共和黨議員Carlos Curbelo提出了一項新法案，希望取消古巴偷渡客所享有的特權，《紐約時報》也發表了一篇文章，主張取消美國對於古巴移民的各項優惠，原因是許多古巴人一直在濫用這些資源，並藉此鑽法律漏洞來撈錢。

　　有些偷渡成功的古巴移民會拿著美國護照往返於美國與古巴之間，將美國政府發放的救濟金帶回古巴，在古巴買房子、做生意，甚至定居在古巴，必要時再回美國待一陣子。也有古巴移民把在美國的資產全部轉移到其他人名下，以便繼續領救濟金；或是有些已婚的古巴男人到了美國，宣稱自己單身，藉此

爸爸修理家具，一家人坐在門口聊天，我問是否可拍張照？他們欣然答應。不少古巴人不滿於現狀想利用偷渡改變命運，也有不少人仍安居樂業等待國家改善人民生活條件。

用推車一路賣著水果的小販，就這樣一路賣著可媲美台灣品種的古巴芒果與香蕉。

老伯在南部小城千里達的鵝卵石步道上賣著像荔枝的水果，看到我這個外國人拍照，跑來給了我一小綑讓我品嘗但卻沒跟我收錢。古巴人窮，但也好客、熱心、可愛。

取得更多救濟金，反正美國政府也無從查證。

2012年美國政府收到一封匿名信告發，有位七十五歲的古巴美籍阿嬤早已在家鄉卡馬圭定居兩年，但她在美國的親戚仍每個月拿著阿嬤的SSI卡去銀行領取救濟金，兩年內已領走了16,000美金，阿嬤也利用這筆錢在古巴買了一棟房子，生活相當優渥。雖然SSI最後取消她的救濟金，但已經領走的錢卻再也追不回來了。

據說美國政府每年用在古巴難民的支出高達6億8千萬美元，但因為沒有設立任何監督機構，導致許多古巴人利用各種漏洞向美國政府騙錢，甚至這些古巴裔美國人還成了古巴外匯的主要來源。古巴人將美國這種救濟方式稱作La Ayuda（西班牙文是「幫助」的意思）。古巴移民每個月大約能領到1,000美元左右的救濟金，還不包括醫療保險、住宿、食物折扣和工作保障等福利，與在古巴辛苦工作、受到政府嚴格控制，只能獲得月薪20~50 CUC相比，有如天壤之別，難怪有這麼多古巴人冒著生命危險出走。

然而還是有許多古巴偷渡者成為美國公民後，辛勤工作、回饋社會，打造了一番成就，剛提到的古巴裔共和黨議員Carlos Curbelo就是一個例子。

美國廢除古巴優先移民政策

古巴與美國在2014年12月17日宣布重啟兩國邦交，許多古巴人擔心美國會廢除「古巴調整法案」與「乾腳溼腳」政策，因此爭先恐後地逃往美國。2015年的偷渡人數是歷年來最多的一年，成功抵達美國的共有43,000人，比2014年多了78％，超過2011~2013年三年人數的總和。

2015到2016年之間古巴的偷渡事件也層出不窮，古巴國家芭蕾舞蹈團共有八十三位舞者趁著在國外表演時叛逃。2016年初也有一則新聞提到，古巴水球國家代表隊在墨西哥受訓，準備參加3月在荷蘭舉辦的奧運預選，其中五位女隊員有天突然不告而別，最後才知道已經逃到美國。更誇張的是，2016年4月初，兩位古巴革命警察穿著制服，搭著小木筏，漂流了150公里抵達美國邁阿密海岸。

不過古巴人的擔心沒錯，2017年1月卸任的美國總統歐巴馬，頒布了一項

擁有一台可以載外國遊客的敞篷古董計程車主，在古巴屬於高收入族群，因此有一支智慧型手機完全不足為奇。

大清早在中部小城聖斯皮里圖斯逛小巷子，遇到一家老舊的麵包工廠，師傅們辛勤專注的製作著麵包，迎接全新的一天。

頂著古巴又悶熱又潮濕的加勒比海氣候，一位街頭賣蛋糕的小販就這樣努力地來回走動尋找客人。我看到了古巴市井小民對抗命運的勇氣與毅力。
（照片提供：蕭潮州）

老師帶著小學生們外出
教學，我心想，古巴的
未來與希望，都在他們
身上啊！
（照片提供：蕭潮州）

在哈瓦那老城區遇到了
拍照中的妙齡女子，在拍
廣告還是婚紗照？有點
後悔當時沒上前詢問。

為了孩子的笑容，有些
父母選擇留在古巴默默
打拼，也有些選擇冒
險，賭上一切偷渡到美
國，只為了改善家人的
生活條件。
（照片提供：蕭潮州）

行政命令，廢除實施了二十多年的古巴優先移民政策，以後只要是非法偷渡，皆無法獲得人道援助，也不能取得永久居留權。此後，古巴人跟其他拉丁美洲國家人民一樣，偷渡者一律被遣送回國。這個行政命令發布後立即獲得古巴政府的大力讚賞，認為是增進美古兩國關係很重要的一步，希望未來可以合作訂定一套安全、有秩序的移民機制，有效解決過去所產生的人口拐騙等不法事件。

歐巴馬曾對媒體提到，「乾腳溼腳政策」一直是美古關係正常化的主要障礙之一，此道行政命令改革了一項不合邏輯、帶有歧視性的政策。許多議員也說這是全美國納稅人的勝利，邊境安全問題會因此而大幅改善。至於流亡在美國的古巴人則出現了兩極化的反應：有人大罵歐巴馬背叛了古巴，也有人覺得當古巴人再也無法離開古巴，反而會加諸更多壓力在古巴政府身上，促進政權改革。

目前在美國的古巴裔美國人約有180萬人，包括2016年共和黨總統初選的兩位角逐者魯比奧和克魯茲；在海外的古巴人有70%的比例都居住在美國，大多集中於佛羅里達州號稱小哈瓦那的社區（Little Havana）。

美國和古巴破冰是歐巴馬在任外交成績的一大亮點，世人將會記住他為了美古關係所做的努力，但這項政策的廢除也造成許多已經逃離古巴、還未抵達美國的偷渡者困在墨西哥或中美洲其他國家，不知如何是好。他們不斷在等待、抗議，要求美國政府給一個交代，遺憾的是，這些偷渡者為了逃往美國，早已將所有的家產變賣，支付給人蛇集團。

看來美國取消古巴優先移民政策後，情勢將會如何演變，只能靜待其變。

同樣是島國小民，生活在台灣的我們，是否該更加珍惜所擁有的一切？

10
古巴狗，不簡單

2016年7月的一個午後，我頂著加勒比海三十幾度的潮溼高溫，走在哈瓦那街頭，享受暫時拋開領隊束縛，當個漫無目的、到處亂逛的旅人的樂趣。

走著走著，我繞進了一條小巷，一排排老舊的民房，孤零零地坐落在住宅區，破舊的窗戶嵌在斑駁的外牆上，與大街上那些為了觀光客而重新整修的建築形成強烈的對比。雖然如此，還是可以隱約感受到這些老舊房舍過去的輝煌歷史，在五十幾年前，這些老房子應該都可稱得上是豪宅吧。

轉角處有個無人看顧的水果攤，可能因為天氣太熱了，有位像是水果攤的老闆，躲在不遠處裝有冷氣的車上悠閒地聽音樂，攤子上的水果有沒有賣完，對他來說似乎也不是那麼重要。

我看到一幢西班牙殖民式的住宅，油漆剝落的外牆旁放著好幾張尚未完成的木製椅子，三個大男人正在庭院裡敲敲打打；他們看到我走過時，還熱情地打招呼。我問能否幫他們拍幾張照片，這幾個大男人二話不說，立即擺起各種姿勢，誇張的肢體語言讓我不禁大笑了起來。古巴人熱情開朗的特質在他們身上展露無遺。

沒有招牌的二手書店

一排排老舊的樓房中，有戶人家在庭院中放置了些木架，上面擺滿泛黃的舊書。我停下腳步，仔細端詳著那些成堆的書籍，這時兩隻狗突然從屋裡跑了出來，像是要保護自己地盤一般對我狂叫，同時也驚動了屋裡的人。

一位年約四十、滿臉鬍渣的高瘦男子，向我走了過來，問我想找哪一類書籍。原來，我正站在一家二手書店的門口，沒有店面、也沒有招牌，書店老闆就這樣把書擺放著，便做起生意來。

「有沒有海明威或切·格瓦拉的傳記，還是任何關於古巴十九世紀歷史的書籍？」我問。

老闆想了想，要我等一下，他進去屋裡找找。當我的視線也隨著他的背影看去，頓時怔住了。原來約莫15坪大小的客廳裡竟堆滿了二手書！通道上、櫃子上、角落邊、屋子後面，大約有上千本舊書，一本本歪歪斜斜地往上疊，有些都已經快碰到天花板了，這種景象讓我深刻了解到什麼是「堆積如山」。到

底他能不能從這些「書海」裡找到我想要的書呢？我內心充滿了疑問。

過一會兒，老闆滿頭大汗地從屋裡走出來，手上拿了好幾本書。但很可惜的，都不是我要的，於是他請我晚上八點再過來一趟，他可以提供更多二手書挑選。

當我正打算先到別處晃晃時，看到庭園裡又多了好幾隻狗在玩耍。一向愛狗的我，隨口問了一下老闆總共養了幾隻。

這位個性古怪、有點邋遢的二手書店老闆，聽我問起他的狗狗們，眼睛立刻亮了起來。他告訴我，總共養了二十一隻狗，全都是從街上撿回來的流浪犬，有老狗，也有得白內障、皮膚病的狗，還有剛生下來才兩、三個月大的幼犬。我趁勢問說是否可讓我進屋看看這些狗，老闆像是遇到知音一樣爽快答應了。

當我推開大門那一刹那，一股濃烈的舊書味跟狗味撲鼻而來，而這些可愛天真的小動物們，從各個舊書的空隙中鑽出朝我過來討摸。

亂逛著巷子，被這棟老房子外面泛黃的二手書跟幾隻狗所吸引，聊天後才發現，老闆竟然如此有故事。

打開大門，一股濃烈的舊書味跟狗味撲鼻而來，而這些可愛天真的小動物們，從成堆舊書的空隙中鑽出朝我過來討摸。

我從小就與狗生活在一起，家裡最多曾養了七隻，也讓我對牠們有了獨特的情感。但是來到古巴旅遊時，我發現在街上或觀光景點看到流浪狗的機率不高，不是因為古巴沒有流浪動物，而是古巴政府的捕狗大隊隨時在街道上巡邏。也因為如此，這位二手書店的老闆便竭盡所能，把街上年紀大的、生病的流浪狗帶回家裡照料，讓牠們免於捕狗大隊的屠殺。

書店老闆在控訴捕狗大隊對待流浪狗的方式有多麼殘忍時，他的臉脹紅、聲音也愈來愈激動。他透露前一陣子，自己冒著被政府逮捕的風險挺身而出，與一位加拿大導演合作拍攝了一部紀錄片，揭露古巴政府對流浪狗所做的各種暴行，希望藉著這部影片，呼籲世人正視這個問題，並期待能夠透過各種管道迫使古巴政府做出改善。他說，這部紀錄片2017年初會在國外陸續上映，包括墨西哥、巴西、加拿大等美洲國家。

看著這位長相古怪、但保護流浪動物卻不遺餘力的書店老闆，我心想，該怎麼做才能幫助他？

當晚8點左右，我又去了那家二手書店，刻意挑了五、六本舊書，一本二手書大約10 CUC，折合台幣大概是3、400元。我直接依老闆的開價付錢，並且又拿出了早已準備好的50 CUC給他，當作是我對狗狗們的小小資助。老闆愣住了一下，但沒有拒絕。這筆錢在台灣不算大數目，但書錢加上50CUC，在古巴可以生活好一陣子。

不管他打算如何運用這筆錢，看著他眼中那份堅定與愛，其實就算再多給他50塊，我也甘願。

被漠視的動物們

古巴街上的流浪狗，常常冒著被虐待的危險，到餐廳、酒吧或咖啡廳附近覓食，從這些被丟棄的廚餘填飽肚子，有時找不到乾淨的水，也只能喝泥濘的髒水。

古巴人成天煩惱著要如何吃飽、如何解決生計問題，哪有餘力照顧街上這些貓貓狗狗？更糟糕的是，有些人還會因為生活不如意，把怒氣全部發洩到牠們身上，對這些流浪動物拳打腳踢、極盡虐待之能事，但卻沒人站出來制止，

而政府無法管、無力管、也不想管。

　　然而古巴還是有不少動保團體，為街上的流浪動物們發聲，例如「古巴動物與植物保護協會」是一個非官方的動物保護組織，該組織的負責人諾拉·加西亞曾說過，當人們存在的唯一目的只是為了填飽自己肚子的時候，會變得對周遭人事物漠不關心。古巴人雖然熱情、樂觀、堅強，但卻漠視動物們的處境，導致這些流浪動物長期受到虐待、甚至是被大量屠殺。

　　據古巴衛生署的官方統計，2012年在古巴全島，共有20萬隻流浪狗在街頭遊蕩，主要分布在大城市，例如聖地牙哥德古巴（Santiago de Cuba）、聖塔克拉拉（Santa Clara）、卡馬圭（Camagüey）以及哈瓦那（La Habana）這些城市裡。牠們出沒於社區餐廳、廉價的小餐館或廣場公園等地，冒著被虐殺或是被車子撞到的危險覓食；還有許多生病或車禍意外死去的流浪狗，屍體被任意丟棄在街上，任其腐爛發臭，也沒人主動處理。這樣的情況不但製造了許多髒亂，還衍生出更多的衛生問題，成為一大隱憂。

　　近年來，台灣的流浪動物逐漸受到重視，許多民眾或團體紛紛投入各種救援活動，像是透過TNR（誘捕流浪動物進行結紮，然後再放回原地），避免流浪動物大量繁殖。然而，TNR需要投入不少金錢，對於經濟原本就不寬裕的古巴政府與人民來說，無異是一大筆開銷，所以他們改用最快、最直接的做法——「安樂死」，來解決流浪動物的問題。

　　記得我在網路上曾看過一篇報導，古巴一年被安樂死的流浪狗高達10萬隻以上，但是每年在街上出生的狗狗數量卻遠遠大於這個數字。事實上，如果無法阻止棄養行為，幫這些流浪動物結紮，光是透過安樂死並無法有效抑制流浪動物帶來的問題。

浪浪公務員

　　儘管古巴對流浪動物尚未有完善的解決之道，但據說最近已經有十多個政府部門，包括博物館、公廁等，主動領養流浪狗。哈瓦那金匠博物館，一座有著百年歷史的西班牙建築裡面就養著五隻從街上撿回來的流浪狗，每隻狗狗的脖子上都掛著名牌，上面除了名字之外，還標註著「我是博物館的管理員，請

從小就與狗生活在一起，讓我對牠們有了獨特的情感。（照片提供：蕭潮州）

不要把我抓走」的字樣，這些狗兒晚上會跟著警衛到處巡邏，查看是否有可疑人物在周遭逗留。

　　有個政府單位曾經被小偷盯上，趁著夜晚來偷冷氣，但卻被狗狗管理員發現，大聲狂吠，最後落荒而逃，這隻狗兒還被大肆表揚了一番。於是，古巴政府也就睜一隻眼、閉一隻眼，讓這些流浪狗繼續留在政府部門裡。警衛除了從食堂拿些剩菜來餵食，還會帶「狗同事」去看醫生、照顧牠們的健康。比起這些少數「浪浪公務員」，成千上萬隻流浪動物仍然流落街頭、飽受飢餓虐待之苦。

慘無人道的賽狗活動

　　古巴禁止賭博，「賽狗」在古巴同樣也是非法活動，但在鄉下地方卻相當受到歡迎。聽說光是參觀門票每張就要價2 CUC，入場之後就像去看拳擊比賽

一樣，民眾可以現場下注，只要其中一隻狗咬死對方，就算獲勝。

比賽開始時，人們就像失去了理智一樣，擠在場邊大喊，空氣中瀰漫著一股暴戾血腥之氣，賭徒們無不希望自己下注的那隻狗可以當場一口咬死對方，賺進大把獎金。

由於賭注金額相當龐大，為了贏錢，這些馴狗師往往會想盡各種辦法、以極不人道的手段訓練狗兒們。古巴境外的Cubanet新聞網站曾經對飼養賽狗的養狗場進行了一系列報導，有隻史丹福品種的兩歲公狗，名叫阿非卡，是比賽的常勝軍，一連三場都大獲全勝，幫主人賺進了許多財富，可是訓練牠的過程卻極盡殘忍。為了訓練狗狗牙齒的咬合力道，馴狗師會讓狗咬著輪胎、吊在半空中長達十幾分鐘，或是把鉛塊綁在狗狗身上，讓牠們被腳踏車拖車跑好幾公里，還有些更會直接注射各種藥物，像是類固醇、睪酮或是麻黃鹼，以增加牠們的耐力；如果有狗兒在訓練過程中退縮想逃跑，馴狗師會直接拿刀割喉，

早晨在公園上網，一隻慵懶的流浪狗就這樣伸了個懶腰並朝我走過來討摸。可愛！

有一次走路走累了，坐在階梯休息，一隻流浪狗就這樣接近並靠著我的腳睡著了。不知在街上受了多少苦，卻依然如此善良並對人類充滿信任感。

做為處罰。如此慘無人道的行徑，雖然讓人氣憤，但因為這些狗是馴狗師的財產，古巴政府也管不著。

　　報導裡還有位獸醫在接受訪問時說，賽狗這種活動殘忍無比，在他曾治療過的狗兒裡，大多數賽狗的外傷都相當嚴重，有些還因此而骨折。就算是那些打贏的狗，一樣滿身是傷，因為比賽而在他懷中死去的賽狗不計其數，最後他大聲呼籲政府一定要站出來，強力制止這樣的情況再度發生。

　　有人說：「一個社會對待動物的方式，足以反映出該社會人民在思想、心靈方面的進化程度。」

　　古巴人民熱情開朗，但對動物卻漠不關心、甚至殘忍，或許是因為經濟的不充裕而造成；身為旁觀者的我，很擔心人們與生俱來的憐憫之心與愛也會漸漸蕩然無存，讓下一代對生命變得麻木無感。這是古巴社會的一大隱憂，值得當地政府深入探討，找出解決之道。

11

私營企業的哀愁

「水缸之城」卡馬圭

　　一般人到古巴旅遊的首選城市一定是首都哈瓦那（La Habana），但很少人知道，古巴中部的卡馬圭（Camagüey）也是必去景點之一。如果說喧囂、繁華的哈瓦那是個美豔動人的熟女，那麼卡馬圭則像是脂粉未施、樸實內斂的少婦。它僅次於哈瓦那與聖地牙哥，是古巴的第三大城，也是卡馬圭省的首府，共有32萬人，四周皆不靠海，為最大的內陸城市。

　　卡馬圭是西班牙在古巴最早設置的七個據點之一，建立於西元1515年，原址較靠近北部海岸。西元1528年，由於原住民的襲擊與海盜猖獗，所以往內陸遷移到現址；到了17世紀，蔗糖與畜牧業的發展，讓卡馬圭日漸繁榮，並成為公路、鐵路的交通樞紐，是往來東西必經的城市。

　　來到卡馬圭，我推薦去它的舊城區逛逛。不同於一般拉丁美洲城市那種格局方正、宛如棋盤的街道，卡馬圭就像座大迷宮，街道蜿蜒狹窄，有許多小路、胡同，甚至是死巷子，觀光客稍一不注意，很容易就迷失在其中。看似複雜紊亂的街道設計，為的是要避免當時17世紀海盜與敵人入侵，也因為這樣特殊的城市樣貌，讓卡馬圭的舊城區在2008年被聯合國教科文組織列為世界文化遺產之一。

　　與古巴前兩大城市相比，卡馬圭顯得樸實許多，殖民風格的巴洛克建築漆著古巴特有的紅、黃、藍、綠等色調，樓層只有兩、三層，沒有太多繁複的裝飾，也沒有哈瓦那華麗宏偉的拱廊、石柱，連教堂都蓋得非常簡單，整個城區顯得樸素，但卻洋溢著濃厚的歷史感。面積僅54公頃的舊城區，保留了許多16到19世紀殖民時期的建築，其中天主教教堂就有27座，是全古巴擁有最多19世紀以前教堂的城市，此外還有13座公園以及7座廣場，號稱「廣場城市」。

　　位於東西往來的樞紐，殖民時期的卡馬圭可說是油品買賣中心，各地的油品會裝在直徑達兩公尺的陶製缸子裡（Tinajón，西班牙文「陶製大水缸」的意思），千里迢迢地運到卡馬圭進行買賣，而這些空的缸子則會被留在當地做為水缸，儲存雨水甚至是食物。通常當地的婦人們會比較誰家裡的水缸多，誰就比較有錢。我還聽過一個頗浪漫的傳說，如果外地人喝了水缸裡的水，便會

留在這個城市，或是再造訪這個城市；而男生只要喝了某家女孩水缸裡的水，就會愛上這個女孩，也因為這些大水缸，卡馬圭又被稱為「水缸之城」。

卡馬圭名店

　　某個炎熱下午，我來到了卡馬圭的舊城區，由於車輛禁止進入，便以步行的方式遊覽整座城區。這裡有不少三輪車停在路邊招攬生意，車夫熱情地對觀光客吆喝著：「只要5 CUC就可以搭乘三輪車遊覽整個舊城區，不用那麼辛苦地在太陽下走路。」我一聽，「哇，5 CUC似乎不算貴！」但導遊Ailen告訴我，如果是當地人的話，大約也只需要1 CUC左右。

　　跟哈瓦那不同的是，這裡的店家大多聚集在同一條街上，郵局、餐廳、咖啡廳、雜貨店比鄰而立，其中一家是專門讓古巴人民換民生補給品的店，而旁邊則是一家專門販賣進口商品，例如冰箱、冷氣機、洗衣機的店家，裡面所有

卡馬圭舊城區的聖胡安迪奧斯廣場四周都是十八世紀的建築，沒有大城市的喧囂嘈雜，這種古樸與恬靜的氛圍，讓人有一種置身於殖民時期的錯覺。

以往古巴的餐廳都是由國家經營，隨著近幾年來逐漸開放，政府允許私營企業申請執照，也讓許多私營餐廳如雨後春筍般開張，如同這家「1800」一樣。

的商品標價都是天價,完全以CUC計價。這兩家店並排在同一條街上,對照了共產社會和資本主義的尷尬窘境,讓人感覺相當諷刺。

　　沿著街道往下走,到了一座名為「聖胡安迪奧斯廣場」(Plaza San Juan de Dios)的廣場。這座廣場是紀念一位終生都在照顧卡馬圭病患的傳教士,周邊除了普通的民房之外,還有一座建立於18世紀初、簡單卻帶著巴洛克風格的小教堂,以及由舊醫院改裝而成的博物館。廣場四周都是18世紀的建築,兩層樓的房子、淺色的外觀,沒有大城市的喧囂嘈雜,這種古樸與恬靜的氛圍,讓人產生置身於殖民時期的錯覺。

　　在教堂另一頭街角,有家名為「1800」的餐廳,導遊告訴我這是全古巴最好的餐廳之一,也是旅遊團必到之處,而當地有錢的古巴人、藝術家、作家、畫家,也都會來這裡用餐,不但餐點美味,用餐環境也很有氣氛。除了供應古巴、卡馬圭當地料理之外,還可以吃到地中海料理tapas、海鮮以及豬肉、牛肉、兔肉等碳烤食物,更重要的是餐廳供應各式各樣的調酒,這在古巴相當少見,難怪名聞遐邇。

　　以往古巴的餐廳都是由國家經營,隨著近幾年來逐漸開放,政府允許私營企業申請執照,也讓許多私營餐廳如雨後春筍般開張。根據統計,目前已有1,700家私營餐廳遍布在古巴各地,消費者多以觀光客和當地中、高階級人士為主,標榜的是昂貴、高品質的古巴正宗美食。不過有趣的是,這類的私營餐廳通常都是「無菜單」料理,無法事先提供菜單,也沒有固定菜色,完全依照當天能買到的食材而定,這全是古巴禁運政策所造成的結果。

　　受到私營餐廳興起影響,國營餐廳的生意愈來愈冷清,雖然在食材採買上有政府的補助,但因為提供的餐點品質低落、選擇不多,廚師與服務生的素質也不好,所以消費族群只剩下負擔不起高檔美食的平民百姓。

　　這家1800餐廳,之所以取名為「1800」,是因為建築本身建造於西元1800年,老闆是擁有17年餐飲經驗的資深廚師。店內提供主餐加上自助式buffet吃到飽,也就是除了一份主餐之外,還可以無限取用沙拉、湯等,一個人12CUC,在古巴可算是相當創新的做法。1800有美味的餐點,精心的布置,服務人員具有一定的水準,甚至還自行印製了簡介小手冊,介紹1800的由來和消費方式,裡面還附上官網及臉書粉絲頁。這樣的行銷方式在封閉的古巴,真的

是獨一無二，讓人驚豔，也因此成為卡馬圭第一、古巴排名前三十名的餐廳，並且在2014、2015年連續獲得Trip Advisor最棒餐廳獎。

當天我與Ailen進入這家餐廳，剛好遇到老闆費爾南得斯先生 （Edel Izquiero Fernández），一位約莫四十多歲、留著小鬍子、瘦瘦高高、充滿活力的中年男子。由於Ailen與老闆熟識，便詢問是否可以為我們導覽餐廳，而老闆聽完來意後，便操著標準的英語回答：「Yes, sure! Let's go inside!」

Ailen隨即大笑，跟老闆進一步介紹我：「他是台灣裔的阿根廷人，正在寫一本關於古巴的書，西班牙語可是他的母語呢！」

老闆「哇」了一聲，充滿好奇地用西班牙語問我：「會是像《Lonely Planet》那樣的書嗎？」

「不是，我會用台裔阿根廷人的角度去觀察古巴、介紹古巴！」

在導覽的過程中，老闆告訴我，這家餐廳原本是兩棟獨立的建築，是他姊妹的房子，因為位於最有特色的廣場旁，所以他把兩棟建築打通，並且在外面廣場擺上桌椅，讓客人可以一邊用餐，一邊享受四周的景色。

餐廳內部走的是復古風，連櫃檯上的收銀機也很有特色，店裡還有個可容納28人的小包廂，供宴客或聚會之用；另一區有一整排的葡萄酒櫃，上面擺滿了來自智利、西班牙、阿根廷等地的紅酒。老闆很驕傲地說，這是卡馬圭唯一一家有葡萄酒櫃的餐廳。至於兩棟建築之間的中庭，前面是用餐區，後邊則放置了一個用紅磚搭建、有煙囪的巨大烤肉架。許多阿根廷人家裡只要是獨棟建築、後面有庭院，包括我家，也都會有這樣一個烤肉架，全家人聚在一起烤肉、聊天喝啤酒，相當愜意。

由於老闆曾經擔任過酒保，他很自豪地說：「只要客人說得出來的調酒或是進口酒，像是白蘭地、威士忌，我們都能提供！」

每週一到週日下午五點至七點是餐廳的happy hour，所有調酒一律半價，也就是原來要3 CUC的調酒，只需要1.5 CUC就可以買到，餐廳也因此總是門庭若市，客人絡繹不絕。

隨著古巴觀光人口急速成長，許多旅行團或是觀光客不再只去哈瓦那或千里達這些著名的觀光景點，而是往中部走，所以卡馬圭這類小城也跟著熱鬧了起來。老闆說，自2012年開張至今，沒有一天休息過，而且已經與五、六家旅

「1800」的老闆驕傲地說：「我們這家是全古巴最好的餐廳之一！」

行社簽約，每天至少有80到100位客人上門光顧。

　　看著餐廳的裡裡外外，老闆驕傲地說：「你看到的這一切，全都是我自己設計的，完全不假手他人。前不久我還買下了隔壁那棟房子，正打算改成酒吧，賣西班牙小菜tapas，希望可以把這個廣場變成卡馬圭夜生活的中心，讓大家晚上到這裡來，喝喝小酒，聽聽音樂，放鬆一下。」

　　從老闆的談話與眼神裡，我看到他的自豪以及企圖心，但更令我欽佩的是他的堅持與勇氣。在國營企業長期壟斷市場之下，私營企業的經營者往往會遇到許多困難以及各種不公平的待遇。以餐廳為例，政府對國營餐廳的食材皆給予補助，但私營餐廳卻得想辦法尋找食材來源，由於美國禁運關係，食材供貨不穩定，進口酒又有諸多管制，所謂巧婦難為無米之炊，就算再厲害的大廚，沒有食材可用時，又怎能提供美味的餐點給上門的顧客呢？這些立足點的不平等，也讓私營企業在經營上遇到更多阻礙，而這些阻礙往往是無法透過正常管道解決的。

隨著私營餐廳的崛起，古巴菜色也愈來愈精緻與豐盛。（圖1、2、3提供：蕭潮州）

私營企業的悲哀

　　與1800老闆碰面後幾個月，有一次我偶然在某個古巴境外的新聞網站上看到一則消息：「1800餐廳老闆被捕！」新聞裡並沒有明確提到被捕原因，只提到政府在審查餐廳時，將他與卡馬圭另兩家私營餐廳的老闆一起逮捕，而餐廳裡那一整櫃的葡萄酒及進口酒也全部沒收充公，更詭異的是，政府還不准家屬到獄中探監。

　　驚訝之餘，我立刻在網路上找了很多古巴相關的網站，希望可以查到更多後續消息，但卻一無所獲，古巴境內的新聞媒體更是隻字未提。從政府沒收進口酒這樣的行為來看，我推測應該是以酒類或食材來源不明當作罪名。

　　古巴政府雖然開放私營企業，但除了發放執照之外，並沒有相關的法令規範，也沒有明定的法律條文保障私營企業的權益，導致這些經營者相當辛苦，

另一種私營企業也正快速成長中：民宿。

每天開門營業猶如走在鋼索上，雖然錢可能賺得不少，但卻不知道何時會被政府盯上，因而鋃鐺入獄。

　　歐巴馬在2016年3月訪問古巴時，抵達的第一個晚上竟然出乎意料地選了一家古巴私營餐廳用餐，目的應該是藉此暗示以及鼓勵古巴多開放私營企業，包括餐廳、民宿等。到目前為止，儘管古巴號稱已有1,700多家私營餐廳，但這些私營企業是否能順利經營下去，端看政府面對西方資本主義的態度。

　　古巴私營企業的發展，就像是一個高速轉動的輪子，在轉速愈來愈快的同時，如果政府仍維持著共產主義的思維、保護國營企業的態度，很容易遏止了原本蓬勃發展的民間創業風氣。

　　後來聽說1800餐廳仍繼續維持正常營業，老闆也被釋放了，但想到風光一時、雄心萬丈的老闆，一夕之間入獄，對身在民主國家的人們來說，可說難以置信。

　　古巴受到美國主導超過半個世紀的貿易禁運，而維持封閉、神秘的世界，讓我著迷不已。世界各地旅人都擔心這樣獨特的氛圍會隨著開放消失而爭先恐後地前來朝聖。我衷心期望，古巴政府可以加快改革的腳步，讓人民有更好的生活環境和條件。古巴人，你值得更好的！

12

連歐巴馬
都指定去吃的餐廳

Paladar，另一種選擇

自從1961年古巴開始實施社會主義，成為共產國家後，各大大小小的私營機構也逐步被收歸國有。1968年古巴全面國有化，個體經濟幾乎消失殆盡，連餐廳都變成國營，西班牙文叫做「restaurante」，也就是英文的「restaurant」。社會主義下的古巴，餐廳大部分都是國營，可分為兩種：高級的國營餐廳以招待上層人士與觀光客為主，我們旅行團也常去這類餐廳；另一種則是古巴當地人或藍領階層才會去的低價餐廳，食材及服務與前者相差甚遠。

九〇年代蘇聯解體，古巴失去了蘇聯老大哥的援助，頓時陷入嚴重的經濟危機。1993年古巴政府被迫進行經濟改革，開始發放私營餐廳許可證，一種長久以來存在於古巴民宅裡的家庭式小型餐廳「paladar」才得以合法化，提供古巴人民及外國人更多用餐選擇。

「Paladar」中文意思為「味覺」，在1993年政府還未發放許可證之前，「paladar」皆屬於非法的地下餐廳，通常坐落於民宅，沒有門牌，從外表根本看不出是一家餐廳，只能靠熟客介紹才得以進入。餐廳採預約制，外觀雖然跟一般民宅一樣，但裡面的布置非常溫馨，食材、環境、服務與價格都比國營餐廳來得優，頗受在古巴工作的外國人或是外國遊客歡迎。

從攤販到連鎖餐廳老闆的巴西媽媽

為什麼這些私營餐廳會被稱為「paladar」？背後其實有個小故事。

1988~1989年期間，巴西有齣熱門的肥皂劇，叫做「Vale Todo」，講述一位來自低下階層、名為「Raquel Accioli」的媽媽，在里約熱內盧海邊推著手推車賣小吃，隨著客人愈來愈多，她便開了一間叫做「Paladar」的餐廳。這個媽媽後來又開了好幾家餐廳，最終成為連鎖餐廳的大老闆。

這齣連續劇後來在古巴播出時，恰巧蘇聯解體、古巴開始走向經濟改革，發放私營餐廳執照期間，古巴人便把這種私人經營的餐廳稱作「Paladar」，而且把劇裡的主角當成偶像，立志要像她一樣大翻身。在古巴，如果我們說要去「paladar」吃飯，指的就是高級的私營餐廳，但誰也想不到名稱原來是從巴西

肥皂劇而來。

高人氣的私營餐廳

自1993年私營餐廳合法化後，政府對餐廳的座位數、菜色種類、非家庭成員的員工聘雇人數等，都有嚴格的規定。

每家私營餐廳的座位數不能超過12張椅子，不能聘雇家庭以外的成員，並且不能販賣當時來源相當匱乏的牛肉，以及只允許出口到國外賺取外匯或提供給高檔國營餐廳使用的特產龍蝦。一切菜色皆以經典的古巴菜為主，例如烤雞、米飯跟燉黑豆、炸斯藍根、炸芭蕉等。

每年政府還會向餐廳老闆徵收營收的50%坐為稅賦，對許可證的審查與核發也非常嚴格。儘管如此，私營餐廳仍如雨後春筍般出現在古巴各地，對既有的國營餐廳造成了極大的威脅。

2012年勞爾・卡斯楚總統實行了更積極的經濟改革，不再嚴格限制私營餐

古巴特產之一，龍蝦，是私營餐廳Paladar最常見的食材。

廳的座位數,允許雇用非家庭成員為工作人員,餐廳也可以販售紅肉及龍蝦。

　　儘管古巴經濟改革的步調已逐漸加快,但卻從來沒提過「改革」這兩個字,而是稱之為「新政策」。「改革」(reforma)代表著過去所做的事情是錯誤、不好的,所以現在要去修正;此外也絕口不提「私營化」(privatización)這個名詞,雖然發放許可證就是一種私營化表現,但卻是與古巴社會主義制度互相衝突,所以古巴人都會盡量避免提及這兩個字。

　　無論用怎樣的名詞,古巴政府在這幾年其實已經小心翼翼地放寬了對個體經濟的管制。個體經濟也就是私營經濟,包括餐廳、出租車、民宿、理髮店、街邊的小攤販,都已漸漸放寬政策,但成長最快的還是民宿與小型餐廳;至於大型產業,例如科技、運輸、醫療等還是掌握在國家手裡。

　　到目前為止,私營餐廳仍不斷地在改變,有些仍維持家庭式餐廳的經營方式,有些則已經轉變為具特色的主題性餐廳,還在店門外掛起了招牌。除了古巴料理,也販賣義大利料理、地中海料理等,主要滿足外國觀光客的需求。

　　會去私營餐廳用餐的顧客,除了遊客之外,還有古巴當地的高收入一族,像是旅遊業相關的從業人員、私營企業老闆、派駐在古巴的外交人員等,店內消費多以CUC計價。假如你預算夠多,不妨選擇在私營餐廳吃飯,畢竟它的菜色及服務品質比國營餐廳好太多了,但如果要深入體驗古巴人民的日常生活,建議還是到國營餐廳。

　　私營餐廳不僅存在於哈瓦那,連其他著名的觀光城市都看得到,例如千里達(Trinidad)、卡馬圭(Camaguey)、奧爾金(Holguín)等。許多私營餐廳因為料理好吃、餐廳裝潢有特色而聞名國際,例如哈瓦那的Doña Eutimia就曾被美國權威新聞媒體《Newsweek》與《The Daily Beast》評選為全球top101推薦用餐地點之一;有些私營餐廳則是名人造訪而引起注目,例如La Guarida因為納塔莉波曼(Natalie Portman)與瑪丹娜(Madonna)曾去用餐而聞名。

歐巴馬的美古破冰之旅

　　San Cristóbal,位於哈瓦那一個不起眼的中階社區裡 (San Rafael街469號,Centro Habana社區),但它卻是TripAdvisor公認古巴最好的私營餐廳,除

了裝潢具特色、料理美味可口，美國總統歐巴馬曾經造訪過，也是一大看頭。

2016年3月20日，歐巴馬帶著國務卿、8名參議員跟31名眾議員，還有12位企業家，搭乘美國空軍一號抵達哈瓦那何塞馬蒂國際機場。這是暌違88年，第一位現任美國總統再次踏上古巴土地。當時媒體提到，1928年柯立芝總統花了三天乘船來到古巴，但88年後的歐巴馬總統則是史無前例地搭乘空軍一號，只花了短短三小時就抵達哈瓦那。

歐巴馬還特別用古巴式西班牙文在他個人Twitter帳號上寫了一句：「Qué bola Cuba?」（意為：古巴，你好嗎？）那次為期三天的造訪，成為美古關係發展重要的里程碑，儘管象徵意義遠大於實質意義。

歐巴馬的第一站先走訪位於哈瓦那馬雷貢大道的美國大使館。那天雖然下著雨，但他仍參觀了哈瓦那舊城區，與街上的民眾打招呼。為了這次的造訪，古巴政府事前還將歐巴馬沿途路線、參觀地點做了一番整修，甚至摘下了有政治意味的標語。隔天歐巴馬則去了曾容納數萬人聽菲德爾·卡斯楚發表演說的革命廣場，向這位古巴民族英雄的雕像獻花，並且與現任古巴領導人勞爾·卡

在歐巴馬訪古期間，所有具政治意味的精神標語與招牌都被拆除。

站在仿美國華盛頓國會大廈的舊古巴國會前面，看著美製古董車來回穿梭，我大致上可以想像幾十年前美國與古巴的關係有多麼緊密。萬萬沒想到竟然要等88年後，才有一位美國總統踏上這片土地。

斯楚進行正式會談，也與古巴合作社、個體戶代表及古美問題專家會面。

　　至於第三天的行程，歐巴馬除了到國家大劇院演講，在古巴大使館會見當地人權專家、公民代表之外，還在拉梅體育場觀看美國佛羅里達州坦帕灣光芒棒球隊（Tampa Bay Rays）與古巴國家棒球隊這場具有象徵意義的友誼賽。

　　由於古巴裔的美國球員若要在美國職棒大聯盟打球，必須得先脫離古巴國籍，這對古巴球員來說相當為難，所以歐巴馬希望藉此機會呼籲古巴政府放寬對古巴球員的限制，讓他們能自由地在美國大聯盟打球。

　　通常國外政治人物參訪，古巴政府一定會安排高級的國營餐廳款待，但歐巴馬抵達古巴的第一頓晚餐，卻選擇了老城區的San Cristóbal，背後有著耐人尋味的意涵：暗示了古巴應走向更開放的經濟模式。至於會選擇San Cristóbal，則是因為Jay Z跟碧昂絲的推薦。

　　San Cristóbal是由老闆卡洛斯‧馬奎斯（Carlos Cristóbal Márquez）在2010年創立，提供美味的加勒比海料理，被許多國際媒體，像是CNN、TripAdvisor等評為哈瓦那最棒的餐廳之一。

歐巴馬訪古巴的其中一站，是在哈瓦那大劇院與古巴合作社、個體戶代表及美古問題專家會面，其中包含不少Paladar的老闆們。

這家餐廳位於一棟建造於20世紀的破舊西班牙建築裡，有著窄窄高高的門，門後是一條走廊，旁邊則是一個四四方方、狹長型的露天中庭，右手邊有兩、三個包廂，布置得相當懷舊。牆上掛滿了名人的照片、古董，中庭也掛了許多五、六〇年代的招牌、唱片，以及古董級可口可樂招牌。餐廳主廚就是老闆自己，一樓是餐廳，二樓則是老闆一家人住的地方。

通常我們在國外用餐如果點主菜、飲料、甜點，大約30、40美金，而這裡的每道主菜大約美金20、30元，最貴的龍蝦一隻才28美金，價格並不貴，但這樣的價位對古巴人來說，等於要付出一個月薪水的代價。

卡洛斯說，當初他搬進這棟房子時，屋況相當破舊，也沒想過經營餐廳，直到2012年拿到私營餐廳許可證後，才開了這家餐廳，並且把過去蒐集的古董當作擺設，藉此重現20世紀中期古巴特有的風情。

跟著歐巴馬品嚐料理

歐巴馬這次史無前例的的訪問，台灣媒體也同步做了許多報導。由於隔月我也要帶團去古巴，所以出發前就一直關注相關的新聞。

當歐巴馬造訪這家餐廳後，我立刻聯絡了當地的合作夥伴，請他們把行程中的餐廳改為San Cristóbal，讓四月出發的旅行團可以搶先到歐巴馬去過的餐廳用餐。

然而，不知道是餐廳老闆因為歐巴馬來訪，調漲菜單價格，還是我們當地的夥伴想趁機大撈一筆，對方回覆說，如果要改在San Cristóbal用餐，連同之前已預付的餐費之外，每人還得再加收40美元，擺明了就是趁火打劫。

老實說，這團早已額滿，沒去San Cristóbal用餐，對旅行社的業績也不會有影響，反倒是如果要去，還會增加成本；但是想到大家或許一生就只有這麼一次機會去古巴，不去體驗一下，那不是太可惜了嗎？為了讓團員們有個美好的回憶，我便鼓起勇氣詢問主管，在獲得公司同意後，成功訂了San Cristóbal。

我一直等到要去San Cristóbal用餐的當天下午才跟團員宣布，結果團員們歡聲雷動！看到他們興奮的表情，我很慶幸自己當初的堅持是對的。就這樣，

歐巴馬的美古破冰之旅
第一晚，選擇了這家裝
潢充滿懷舊風格，氣氛
極佳的私營餐廳晚餐。

我們一行三十人坐在San Cristóbal長方形中庭，吃著高級的地中海料理，像是伊比利火腿、各類起司、tapas還有甜點、飲料等。

當天的主菜是鐵板龍蝦搭配沙拉，飲料則是蘭姆酒調配的mojito；由於我們是繼歐巴馬後第一個去那裡用餐的旅行團，老闆還拿出了一瓶有十五年歷史、酒精濃度45%的蘭姆酒招待。那是我第一次品嘗純蘭姆酒，酒精濃度雖高，但意外地一點也不嗆辣，口感甘甜。

有趣的是，San Cristóbal除了布置優、料理佳，還有個特色就是服務生一律都是金髮碧眼、白皮膚的年輕男子，他們大多是歐洲後裔，個個帥氣、親切又大方，我們所有的女團員都被他們逗得非常開心。我站在服務生旁邊，完全被比了下去！

原本我想藉機去歐巴馬用餐的包廂參觀，不巧遇到美國大使與他的家人在包廂吃飯，只好作罷。那晚的用餐氣氛非常棒、團員們也都很嗨，後來我乾脆把這家餐廳列入標準的古巴行程做為主打，也因為這樣，後續我又多次去了那裡用餐。

美古關係隨著2009年美國放寬對古巴的限制而逐漸改善，例如匯款條件較為寬鬆，從美國出口到古巴的小型商品，包括桌布、杯子、餐具、食材等類別也增加許多。值得一提的是，歐巴馬參訪古巴，與中、小型企業的老闆見面時，San Cristóbal的老闆也身在其中，美方希望San Cristóbal這些私營餐廳能有更多發展空間，進一步擴展成為連鎖餐廳。雖然目前古巴仍禁止私營餐廳展店，但若未來真的放寬限制，這些私營餐廳老闆也許會像「Raquel Accioli」一樣，成為連鎖企業的大亨也說不定。

品嘗美食是許多人出國觀光的重點之一。提到義大利、法國，大家馬上聯想到米其林餐廳，去西班牙則有各種美味的tapas，阿根廷的炭烤牛排也是必吃美食；但說到古巴，從來沒有人是因為慕名美食而去的。若古巴政府能減少對私營企業的限制，讓這些深具特色的私營餐廳自由競爭、蓬勃發展，到時去古巴觀光，就不只是回顧歷史、體驗文化或欣賞美景而已，更可以多了大啖美食的期待，透過享受美食，細細品味古巴的蛻變與進步。

牆上掛著歐巴馬的油畫，這裡不僅僅是美國總統吃過飯的位子，更是美古關係改善的重要起點。

13

華人在古巴

華人的蹤跡遍布於世界五大洲、三大洋，古巴也不例外。古巴的華人移民潮可分為兩批，一次是1847年到1874年的華工移民潮，另外一次則是1865年到1875年的美國華人移民潮。

第一次華人移民潮：比黑奴還不如的華工

由於買賣奴隸在殖民時期後期被視為落後且不人道，因此自西元1807年開始，奴隸最大的輸出國英國，便禁止在西印度群島等加勒比海地區買賣奴隸。奴隸解放後所需的勞力則由雇工替代，也就是雇主花錢請工人到農場、甘蔗園、菸田等地工作。不過與奴隸相比，雇工導致生產成本提高，英國為了維持農產品的競爭力，於是積極介入並鼓吹西班牙也禁止買賣奴隸，改以雇工代替。自1817年開始，英國先後與西班牙簽訂兩次禁止販賣奴隸協議，直至1845年，西班牙終於頒布法令禁止各殖民地買賣或使用黑奴。

為了解決禁販黑奴所產生的人力短缺，西班牙也仿效英國，從中國鄉村進口勞工到西班牙殖民地。面對當時逐漸衰敗的清朝政府，許多中國人，尤其是鄉村農民為了脫離困苦，前往海外工作來改善生活。因此在1847年，首批上百名華人登船，經過好幾個月的航行時間，抵達了古巴。

對西班牙政府來說，這些華人的身分是雇工，必須與雇主簽訂一份長達八年的合約，雇主會支付薪水，提供吃、住以及簡單的醫療費用，八年期間都不能更換雇主，但期滿後可以選擇繼續留在古巴，尋找新的雇主，或是自己買船票回中國。

當這些上百名華人滿心期望地踏上古巴土地，以為新生活即將展開時，卻發現自己被騙了，他們受到的對待跟黑奴沒什麼兩樣，每天工作超過十二小時，地點遍布甘蔗園、咖啡田、菸田、礦廠與港口等地。

在1847年到1874年之間，據統計約有15萬名華工來到古巴，大多都是從廣東及福建過來。此外，還有1萬5千多名華人在到達古巴前，就因為生病、飢餓或遭受虐待而死於航行途中。此波移民可說是資本主義興起後，世界上最大的移民潮之一。

這些華工為何會願意漂洋過海到美洲工作？除了有些是為了擺脫家鄉困苦

華人在古巴歷史悠久，連一般家庭客廳的裝飾油畫都出現中國元素。

的生活，還有些是被拐騙或被海盜擄走，再賣給西班牙設置在中國的非法仲介公司。

　　從中國航行到古巴大約需要110至150天，也就是需要待在船上將近五個月。據統計，一艘500噸的船可以乘載250位華工，每個人在船上的活動空間大約比棺材再大一點，在這樣狹小的船艙裡生活，導致約10%的華工死在海上。

　　然而，就算幸運抵達，卻有一半以上的人數並沒有履行八年合約就死去，多數都是遭虐致死。雖然他們名為雇工，但實質上與黑奴沒什麼兩樣，甚至處境更為不堪，這些慘況在西班牙與古巴的歷史文獻裡都可以查到。

　　由於語言不通，這些生活在古巴的西班牙人與華工溝通的唯一工具就是靠著手上的鞭子。這樣強硬惡劣、慘無人道的管理方式自然引起華工們相當大的反彈，有些人索性毀掉工作的甘蔗園、菸田，也有些人選擇逃跑，或選擇以自殺來控訴或是逃避悽慘的遭遇。

　　華工對西班牙殖民政府的不滿，也反映在古巴的獨立戰爭中。1868年的第一次古巴獨立戰爭號召了許多不同種族參與，包括了想獨自建國的克里歐羅人

（即在美洲地區出生的西班牙人）、已獲自由或仍被奴役的黑人，還有許多華工也積極參與其中。根據記載，1874年人數7,000人的革命軍裡，華工的數量竟高達2,000人。這些華人革命軍是最勇敢、最有效率、最不怕死的一群人，因為他們隻身來到古巴，一無所有，只有命一條，所以為了自由衝鋒陷陣，將生死置於度外。

1898年第二次革命戰爭結束，古巴正式獨立，一些華人因為參戰有功，還獲頒「司令」頭銜，那可是極高的榮譽！甚至還有華人在1901年古巴總統大選時，獲得參選總統的資格。曾參與革命戰爭的貢薩洛‧德‧格薩達將軍（General Gonzalo de Quesada）說：「我從沒見過一個不堅守崗位的古巴華人，我從沒見過一個背叛軍隊的古巴華人」（No hubo un chino cubano desertor, no hubo un chino cubano traidor）。這句話裡的「古巴華人」，是一個專有名詞，指的是他們的同胞、他們的兄弟，並非只是單純的華人或中國人，由此可見雙方的情誼深厚。我們甚至可以這麼說：古巴革命之所以成功，有一半的功勞應該歸功於這些華工們。

也因為戰爭期間華工大量加入革命軍，導致叛軍人數激增，西班牙政府在1871年決定取消從中國進口華工的政策，到了1874年，華工在古巴的血淚史也正式結束。曾有統計指出，古巴的華人數量從十年戰爭剛開始時的6萬人，到了戰爭結束後大約只剩下1.5萬人。

第二次華人移民潮：有生意頭腦的美國移民

雖然華人數量因為華工進口政策的取消而減少，但在1865年到1875年這段期間，許多居住在美國的華人因為美國種族歧視嚴重，選擇放棄在美國的一切，來到古巴重新開始。這些美國人大約有5,000人，大多來自加州，所以被稱為加州人（Californianos）。

與當時在古巴的華工不同的是，這些華人早已移居美國做生意，在1860、1870年代累積了不少財富。他們來到古巴後成為資產階級，開設商場、店家及餐廳，大量雇用已獲得自由身分的華工，使得原本位於哈瓦那破舊社區裡的中國城，逐漸繁榮興盛，爾後不只發展成為商業區、金融區，更成為美洲第二

大，僅次於當時位於舊金山的中國城。

1870年哈瓦那中國城裡即有了百貨商場，又開設許多劇場，裡頭上演著京劇戲碼，其中最有名的是金鷹劇場。1874年中國城開了第一家中國餐廳，1878年甚至還出現了一家專門進口鴉片與周邊器具的商店。到了1880年這些中國商人的生意範圍已逐漸擴大到古巴最重要的出口商品蔗糖，而到了1899年，全古巴有四十二個甘蔗園屬於華人。

1930年古巴華人已達25,000人，大多集中在哈瓦那中國城及周圍，中國城裡聽說就住了10,000人。裡面就像是一個自給自足的小型社會，有劇院、學校、醫院、藥房、報社（當時有三份中文報同時發行）、銀行、洗衣店以及鴉片店、妓院、葬儀社等，還有古巴人經營的移動式咖啡攤、蔬果店、甜點攤等。

與其他地區的華人一樣，古巴中國城裡也有許多華人社團，以凝聚華人、保存中華文化為宗旨；有些社團甚至以推翻滿清政府為目標，其中最著名是致公堂；另一個則是1893年成立的中華協會，旨在凝聚各個不同社團，管理中國城。致公堂至今仍然存在，已改名為明治黨，並持續發行古巴唯一的中文報紙《光華報》。

雖然華人帶來了繁華，但也將中國人的惡習帶進古巴，像是麻將、妓院跟鴉片毒品。古巴獨立建國後，政府禁止華人來古巴，但偷渡情況仍然嚴重，許多協助非法移民的華人從中賺進大筆財富，還賄賂政府高官，再加上各個華人社團因為利益不同而衝突不斷，非法活動充斥，導致中國城惡名昭彰，彌漫著一股腐敗的氣氛，古巴人對中國城的印象也愈來愈差。

1959年卡斯楚革命成功，建立共產政府，同時也是中國城衰敗的開始。許多古巴的生意人、上流人士放棄在古巴的資產逃往國外，不少做生意成功的中國人也因此離開古巴，逃回美國。至於那些留下來的華人則開始與當地的古巴人，包括白人、黑人或是黑白混血的古巴人通婚。華人勢力逐漸式微，中國城昔日榮景一去不復返。

1990年代哈瓦那市政府期望恢復中國城過去的繁華，成為另一個新的觀光景點，因而著手與中國大使館合作，重新整修中國城，還開始過農曆年，成立中華藝術與文化中心（Casa de las Artes y Tradiciones Chinas）。1999年，中國

出資在中國龍街（calle Dragones）建造了一個全拉丁美洲最大的拱門，稱作友誼之門（El Pórtico de la Amistad），有三噸重，16公尺寬、12公尺高，由鋼筋混凝土做成，建材全都從中國運送過來。

　　雖然古巴及中國政府刻意扶植中國城，仍無法回復到昔日榮景，甚至還逐漸衰退凋零，但不可否認的，這兩個世紀以來，華人在古巴的影響力與貢獻不容小覷，從一些古巴諺語當中就可略窺一二。

　　古巴當地官方語言為西班牙文，與阿根廷一樣，但一開始，古巴當地的諺語對我而言像鴨子聽雷，完全不懂其中的意思。

　　在古巴時我常聽到當地的男人會對著女孩說這句話「mi china」，翻譯成中文是「我的中國女孩」，經由當地人解釋才知道，意思是「我親愛的」，通常是男生對女生說的。

　　另外還有幾句諺語也挺有趣，例如：

　　「Tener un chino atrás」：中文翻譯是「後面跟了一個中國人」，形容「倒

1999年，中國出資建造了一個全拉丁美洲最大的拱門，稱作友誼之門，有三噸重，16公尺寬、12公尺高，由鋼筋混凝土做成，建材全都從中國運送過來。（照片提供：蕭潮州）

楣」的意思。

「Quedarse en China」中文翻譯為「留在中國」，意思是「不懂、不了解」。

「No lo salva ni el médico chino」翻成中文是「連中國醫生都救不了」，表示「無藥可醫」。

與中國城的第一次接觸

有一次當我坐著古董敞篷車經過中國城時，瞥見一座小小的木頭拱門，上面掛著一塊招牌，用簡體字彆扭地寫著「中國城」三個字。拱門後方連接著一條步行街，有中國風裝潢的餐廳、商店等，街道長度大約只有一、兩百公尺，很難看出眼前這殘破不堪的地方曾有過一段輝煌繁榮的過去。

儘管後來多次帶團經過附近，都沒有機會進去瞧瞧，因此有機會自由行時，我特別將中國城納入行程重點之一。

記得那是一個悶熱潮溼的中午，我請導遊Ailen一起到中國城裡的餐廳「金鳳凰」吃飯。餐廳裡面狹窄昏暗，有濃濃的油煙味，櫃檯裡站著一位西方人，桌椅、餐具還有菜單都看起來髒髒的，桌上沒有筷子，只有刀叉。

菜單上的菜色看起來頗為豐富，但兼賣義大利披薩與pasta引起我的好奇。我問餐廳服務生，為何中國餐廳會賣義大利菜？服務生搖了搖頭表示不知道，Ailen則開玩笑地跟我說：「你不知道嗎？全古巴最好的披薩跟義大利麵可是在中國城裡呢！」說完後我們倆相視大笑。

考慮半天後我點了份看起來頗為豐富，可以兩人共享的海陸拼盤。鐵板上放著豬肉、牛肉以及龍蝦，附餐則有像泰國香米那種粒粒分明的米飯，以及西式生菜沙拉。看著桌上的餐點，沒有中國菜該有的味道，結帳時鐵板餐再加上兩瓶古巴汽水、小費，總共花了20 CUC，折合台幣約700多元！我相信如果在哈瓦那其他地方，20 CUC一定可以吃到更美味的餐點。

用完午餐後，我們順道在中國城逛了一圈，沿途只看到白人、黑人或是混血的古巴人。整個中國城裡，似乎只有我這個觀光客是亞裔人士。

沿著街道行走，古巴音樂此起彼落，完全感受不到華人氛圍，但就在此時我發現路的盡頭有一棟米黃色的三層樓建築，是古巴的孔子學院。孔子學院內

曾經是美洲第二大的中國城，如今看著小小的木頭拱門，上面用繁體字彆扭地寫著「中國城」三個字，就可以感覺得出它有多沒落。

如今步行街僅剩下幾間中國風裝潢的餐廳、商店等，街道長度大約只有一、兩百公尺，很難看出眼前這殘破不堪的地方曾有過一段輝煌繁榮的過去。

哈瓦那設有一家孔子學院，但完全感受不到華人氛圍。

掛了許多書法、國畫，還有卡斯楚拜訪江澤民、習近平等中國官員的照片。學院對面則是一棟叫做「陳穎川總堂」的建築，裡面提供麻將或中國文化相關休閒活動。再往前望去，則是普通民宅。

　　站在這裡，我實在很難將它和昔日住著上萬人，有著商場、劇院、醫院、學校、銀行等美洲第二大中國城聯想在一起。

聖地牙哥的第二次接觸

　　幾天後我抵達了古巴最東邊的聖地牙哥，那是一座黑人裔居住的城市。某天晚上我在飯店周圍閒逛，看到遠處有個紅燈籠掛在門口，內心一陣欣喜，想說一定是中國餐廳。

　　一進門，只見大約8坪大的中國餐廳裡，櫃檯坐著一個黑人女生，服務生也是黑皮膚，連廚師都不是華人。桌椅依然是黏黏舊舊，牆上掛著長城的油

導遊說：「想吃全古巴最好的披薩跟義大利麵？去中式餐廳找就對了！」

177

畫、燈籠，還有馬德里足球隊照片等，充斥著一種奇特詭異的氛圍。菜單上有不少中式餐點，春捲、海鮮湯、酸辣湯、炒飯等；不出所料的，也供應披薩跟pasta。

由於上次在哈瓦那中餐廳不好的經驗，這次我決定點一份聖地牙哥薄餅pizza，上面有洋蔥、青椒、香腸、火腿，只要3元CUC，相當便宜。

除了我之外，餐廳裡還有古巴人及外國觀光客正在用餐。我看到不遠處有位大約五十多歲的華人老先生，獨自坐在桌旁與服務生聊天，便上前攀談。一聊之下才知道，這位老先生姓陳，祖籍廣東，是位天主教傳教士，為厄瓜多爾第二代華人，第一次來古巴探訪友人順便觀光。老先生聽到我是阿根廷第三代但目前住在台灣，眼神立刻亮了起來，用特殊腔調的中文告訴我自己也曾來過台灣，還問我現在女總統執政的情況如何？

結帳時餐廳女服務生告訴我，聖地牙哥德古巴只有兩家中國餐廳，一家是國營，這家則是私營，而這頓晚餐連同飲料、小費，總共也才5 CUC，比起哈瓦那的20元鐵板燒真是划算太多了。

華人墓園的第三次接觸

另外一個我一直很期待走走的是號稱全拉丁美洲唯一的華人墓園。19世紀末在中國城附近設立的專屬華人墳場，位於古巴最大墓園哥隆墓園（Necrópolis Cristóbal Colón）正對面。

墓園長寬大約各150公尺，用矮牆圍起，入口處有個小管理室，裡面坐著兩位年約五、六十歲的管理員。我過去打了聲招呼，但他們似乎喝了酒，講話含糊不清，對我的問題都答非所問，我只好獨自進去逛逛。

墓園像是一個戶外公園，裡面有各種不同設計的墳墓，墓碑上刻的出生、死亡時間大約落在19世紀末、20世紀初，雖然多半已遭到破壞、年久失修，但看得出來當時應該非常壯觀。墓園的後頭有一座巨大的石牆，上面有一格一格的棺室，有些蓋子都破碎了，管理員告訴我裡面的遺體都已經撿骨、遷移到其他地方。

當我要離開這座墓園時，開玩笑地問管理員，「像我這樣一個阿根廷華

號稱全拉丁美洲唯一，
於十九世紀末在中國城
附近設立的專屬華人墓
園：中華總義山。

裔，死後想葬在這裡，可以嗎？」

他們聽了後回道：「當然可以！」

接著又開玩笑地問，「那你什麼時候來？我們可以幫你處理後事！」

我聽了哈哈大笑，想不到這兩位管理員雖然整日守著這座墓園，還挺幽默的。

華人在兩個世紀前來到古巴，身分地位比黑奴還低下，為了爭取自由在兩場革命戰爭中勇敢奮戰，協助奠定了古巴的獨立，並與另一批受到歧視的美籍華人一起壯大了古巴華人的勢力，帶動中國城與華人社會的繁榮。但令人感慨的是，如今都已是過往雲煙。

百年前的輝煌繁榮，如今只剩下殘垣斷瓦、一片頹廢的景象，令人不勝唏噓。

CUBA

14
回不了家的
蘭姆酒

如果你習慣週末去酒吧小酌，或夜店狂歡，一定喝過蘭姆酒，因為很多調酒都是用它製成，例如一款在台灣很有名、也相當受歡迎的調酒Mojito，很多酒館、夜店甚至是居酒屋都有提供，而它的基酒就是蘭姆酒。

蘭姆酒是加勒比海地區的特產，也是古巴的國酒。隨著美古復交這個議題逐漸發酵，古巴的一切也備受全球關注，古巴蘭姆酒也在全世界一百多個國家銷量不斷成長。在台灣，一瓶750毫升的古巴蘭姆酒只需要幾百元台幣，而且到處都買得到。

世界最甜國度

糖是供給身體能量的主要來源之一，因此殖民時期的歐洲人到海外探險一定會帶著甘蔗。1492年哥倫布發現美洲，隔年再度登陸古巴時，把甘蔗從歐洲帶到了古巴，但他們萬萬沒想到的是，來自於西班牙加納利群島的甘蔗，竟可以在古巴肥沃的土地與絕佳的氣候下，成長得如此茁壯。從此，甘蔗也成了古巴的「黃金」。

16世紀時，古巴原住民學會將甘蔗榨汁飲用，歐洲人也利用甘蔗製糖。到了16世紀末，古巴甘蔗產量在加勒比海已經占了相當大的比例。

當時西班牙殖民政府只允許殖民地與其宗主國西班牙直接交易，更遑論與其他國家或是其殖民地有任何貿易往來。直到1762年英國占領古巴11個月期間，鬆綁禁令，古巴得以與其他殖民地或國家，例如北美十三州進行貿易，蔗糖也成為交易大宗。1791年海地發生黑奴暴動，導致海地許多蔗糖製造業者逃往古巴，使得古巴甘蔗產量大幅增長，成為加勒比海主要的蔗糖產區。

古巴於1898年獨立之後，蔗糖仍是出口的主要商品，1920年產量更占全世界的近三分之一，還贏得了「世界糖罐」、「世界最甜國度」稱號。1959年成為共產國家，與美國斷交後，以蔗糖跟蘇聯換取石油，最鼎盛時期年產量曾達800公噸以上！九〇年代蘇聯解體後，因能源缺乏，無法使用大型機械農具，再加上出口受到阻礙，蔗糖產量因而減少，迄今蔗糖已不再是古巴最主要的外匯來源。

「La Bodeguita del Medio」是每一位外國旅客必定會報到的景點之一，因為這裡有海明威最愛喝的 Mojito！

來杯蘭姆酒解鄉愁

在蔗糖工業裡，蘭姆酒是一個相當重要的副產品。隨著加勒比海地區蔗糖產量逐漸增加，蘭姆酒的產量也愈來愈大，成為重要的出口商品之一。它不但可以純喝或做為調酒的基酒，也是許多甜點、蛋糕提味所需的重要材料。

傳說蘭姆酒是17世紀加勒比海的黑奴在製造蔗糖過程裡，發現殘存的甘蔗汁只要經過發酵，就會成為酒精，而這個發現漸漸傳開；於是大家在製糖剩下來的糖蜜裡加入酵母，發酵後加水稀釋，再放入銅製的鍋爐蒸餾、過濾，移至木桶儲藏，成為蘭姆酒。許多黑奴為了一解思鄉之苦，常常藉著蘭姆酒麻痺自己，來忘卻被奴役的痛苦。幾年後，加勒比海地區幾個主要殖民地，不管是英屬的牙買加、法屬的海地、西屬的古巴，全都開始釀造蘭姆酒。

還有另一種說法是，蘭姆酒其實是由17世紀中的海盜所發明，因為製作成本比其他酒類便宜，所以在海盜間相當受歡迎。1650年這種酒終於有了名字，叫做「殺魔鬼」（kill-devil），或是「狂歡」（rumbullion），形容海盜在搶劫、得到財富後狂歡的樣子。17世紀末，這個酒名已逐漸縮短為英文rum（西班牙文是ron，法文為rhum）。

蘭姆酒逐漸成為除了蔗糖之外，加勒比海地區的主要經濟來源之一，不但出口到歐洲，在非洲也會以蘭姆酒做為奴隸買賣的交易品。

19世紀初，西班牙政府看重古巴蔗糖、蘭姆酒所帶來的經濟效益，將蒸汽機引進古巴，並於1837年建造了鐵路，以便運送甘蔗與蔗糖、蘭姆酒，成為了包含西班牙本土在內，整個帝國最先擁有火車的殖民地。根據歷史學家統計，當時整個古巴島約有300家酒廠，可見產量之大，而蘭姆酒也漸漸從原本的副產品，成為古巴主要的出口商品。

經歷兩次低潮再度崛起

西班牙殖民時期的古巴種植蔗糖、製造蘭姆酒，賣給宗主國西班牙，再由西班牙負責銷售給歐洲其他國家。到了19世紀後期，古巴終於出現了第一家自行製造、販售蘭姆酒的公司，叫做百加得（Bacardí），由一個從巴塞隆那移

位於「La Bodeguita del Medio」小酒吧櫃檯上方有這麼一塊海明威親筆寫下的名言：「我的莫吉托在 La Bodeguita，我的黛綺莉在La Floridita。」傳說他每天為了喝這兩種酒堅持要到這兩家酒吧。

居到古巴的聖地牙哥家族所創立。

　　1828年，「法昆多‧百加得‧瑪索」（Facundo Bacardí Massó）的十五歲年輕人，從西班牙的巴塞隆那移居到古巴的聖地牙哥。法昆多及他的兄弟們，年輕時便自行創業，開了一家賣酒的公司，希望有一天能夠成功賺大錢，衣錦還鄉。

　　然而，法昆多萬萬沒想到，二十多年後，在1852年古巴發生了一場大地震，後來又爆發了瘟疫，他的公司因而被洗劫一空，無奈之下只好宣布破產。不過堅強的法昆多並沒有被擊垮，他拿了妻子阿瑪麗雅‧百加得（Amalia Bacardí）僅存的一些私房錢，買下聖地牙哥的一家蘭姆酒蒸餾工廠，1862年東山再起，成立了「百加得」公司。

　　蘭姆酒是款烈酒，酒精濃度大約40~60%，通常是給水手、港口工人或海盜們喝的，一般人並不太能接受這樣的口味。精通各種酒類的法昆多，針對大

製作蘭姆酒的原料是甘蔗汁,而百年前最大的甘蔗種植地位於古巴南部。來到這裡,可以看到許多荒廢的甘蔗園,最著名的就是Cantero家族所留下的園區,裡面有一座曾為了監視黑奴工作的一座高塔。如今,遊客仍可以登塔俯瞰整片區域。

眾市場，自行研發了一款比較柔順、爽口清淡的蘭姆酒。這款蘭姆酒推出後廣受好評，銷量愈來愈好，也為「百加得」打開了市場。

有天法昆多的妻子在蒸餾工廠天花板，發現一群蝙蝠住在那裡，由於蝙蝠會吃甘蔗上的蟲子，有益於甘蔗園的生長，而且在巴塞隆那也象徵著好運、兄弟情誼、謹慎、忠誠，於是阿瑪麗雅建議以蝙蝠當作「百加得蘭姆酒」的標誌，同時也象徵百加得家族的精神。

事後證明以蝙蝠做為蘭姆酒標誌是相當聰明的做法。當時很多古巴人不識字，也從未聽過Bacardí 這個品牌，但他們卻對瓶身有蝙蝠圖案的蘭姆酒非常熟悉，每次到店裡都會指名要購買。

除了以蝙蝠做為標誌之外，法昆多還會在每個瓶子上面親筆簽名，代表這瓶蘭姆酒是由他親自認證。這樣的行銷手法在當年可是一大創舉，也讓百加得成為酒界中的翹楚，直到百年後的今天，地位仍不可撼動，不僅銷售量驚人，在全世界得了非常多的獎項，備受肯定。

1892年當時還只是王儲的西班牙國王阿方索13世（Alfonso XIII）有次高燒不退，看遍了所有醫生都沒有效，後來有位御醫靈機一動，建議他喝百加得的蘭姆酒試試看，結果隔天燒果真退了，那位御醫還特地寫信感謝他們。百加得趁著這個難得的機會大力宣傳，除了原有的蝙蝠標誌外，還在瓶身加上西班牙皇室的標誌，訴求百加得是蘭姆酒的王者，也是王者的蘭姆酒。

百加得經歷了古巴1868年的十年戰爭、1898年獨立革命成功、古巴建國，仍然屹立不搖。1910年百加得家族在家鄉巴塞隆那設立了第一座工廠，專門製造酒瓶，成為古巴史上第一家跨國企業。1931年在墨西哥建造了一座工廠；到了1958年，更在波多黎各建造了世界最大的蒸餾廠。可惜的是，1959年古巴經歷第三次革命，共產政府上台後，下令將所有私人工廠收歸國有，連百加得也不例外。為了生存，他被迫放棄在古巴的一切，出走到國外。

百加得家族在卡斯楚政府時期失去了一切，幸運的是，百加得早已在國外設置工廠，因此把生產重心移到了波多黎各，總公司則設立在百慕達，名為「百加得有限公司」（Bacardí Limited）。

到了1978年，百加得已成為全世界蘭姆酒銷量最好的公司，同時持續收購其他著名酒廠，包括世界著名的法國灰雁伏特加（Grey Goose Vodka）、世

界上最有價值的琴酒Bombay Sapphire、美國銷量最好的蘇格蘭威士忌 Dewar's Whisky，1992年又併購了Martini & Rossi，2002年則開始在中國設廠，儼然成為全球最大的酒商之一。

從百加得看古巴歷史

「百加得」這個名字所代表的並不只是一個知名的酒類品牌，它對古巴的社會、經濟，都曾帶來極大的影響力，尤其是1959年的革命，百加得家族全力相挺，可惜最後仍難逃離開古巴的命運。

如今百加得已成立一百五十多年，曾有歷史學家說道：「我們從百加得的歷史去看古巴歷史，比直接去讀古巴歷史更容易了解。」

埃米利歐·百加得（Emilio Bacardí）是法昆多的兒子，在古巴出生、西班牙接受教育，雖然家大業大，但卻熱中政治、充滿理想，希望可以為這片土地上的

百加得蘭姆酒在古巴歷史上佔有一席之地，如今卻有家回不得。這一品牌的蘭姆酒，在台灣也買得到。

人民做出貢獻，就算是犧牲財富和性命也在所不惜。埃米利歐畢業後回到古巴，投入1868-1878年的十年戰爭，與古巴同胞一起對抗西班牙政府；在二次獨立戰爭期間，他負責募款、買武器給革命軍，因此兩度被西班牙政府逮捕入獄。

　　古巴在1898年獨立後數十年，受到美國嚴重干涉內政以及軍政府的統治，雖然百加得的事業蒸蒸日上，但對古巴政治、社會的關切依然不減，也是少數在軍政府時期不斷呼籲恢復民主的企業。當時埃米利歐與美國關係良好，甚至還投身公職，出任聖地牙哥德古巴的第一任市長；後來為了家族事業、家庭與自己熱愛的文學，只好辭去市長一職。

被迫流亡

　　五〇年代卡斯楚率領古巴人民與軍政府對抗，雖然百加得家族並不贊同他所提倡的共產思想，但依然與卡斯楚合作，推翻軍政府。百加得家族不但捐款給卡斯楚，也協助募款、提供武器；當卡斯楚政府成立後，百加得還在三週內把一年內應該支付的稅額一次繳清，因為他們認為這筆稅款可以幫助當時亟需用錢的新政府。然而，隔年信奉馬克思主義的卡斯楚卻宣布，為了徹底消滅資本主義，必須將古巴境內三百多家私人企業收歸國有，包含之前曾大力資助的百加得。此後，百加得搖身一變，成為卡斯楚獨裁政府的頭號反對者。

　　1861年一群反卡斯楚政府的叛軍在美國支持下，從豬灣登入古巴，計畫推翻共產政權，百加得不但暗中資助叛軍，還買了一架美國B26轟炸機，打算炸毀古巴煉油廠。雖然最終計畫流產，但後續幾次的暗殺卡斯楚行動、古巴移民在佛羅里達舉行的遊行抗議，以及其他反卡斯楚的活動，百加得家族皆參與其中。

　　百加得家族雖被迫離開古巴，但在家鄉聖地牙哥依然廣受人民喜愛。他們的家族墓園坐落在著名的Santa Ifigenia墓園，古巴國父荷西馬蒂（Jose Martí）與許多革命戰爭的烈士也安葬於此。埃米利歐所成立的百加得博物館、他的妻子創立的Elvira Cape圖書館都維持得很好，每年吸引了大批觀光客造訪。此外，百加得被充公的酒廠仍在運作，只是擁有者已變成古巴政府，不過老一輩的人依然稱呼它為百加得酒廠。古巴首都哈瓦那也有一棟建造於20世紀初的百加得大樓。

我本人最愛的古巴調酒之一「Piña Colada」，只需在果汁機加入椰奶、鳳梨汁、蘭姆酒與碎冰即可，也可按照個人喜好加上一些蜂蜜或肉桂粉。

　　百加得家族目前是世界三大酒商之一，維持由家族成員經營的模式，他們秉持著創辦人的拓荒精神，將事業版圖愈做愈大。現任總裁法昆多·百加得（Facundo Bacardí，與創辦人同名，是他的曾曾孫）出生於美國，之前曾接受訪問表示，他們家族已逐漸淡出古巴的政治運動，也不再強烈反對卡斯楚政權。

　　上個世紀的迫害與仇恨都已經過去了，儘管百加得家族表達想回古巴的意願，在現任古巴總統勞爾·卡斯楚不願意做出任何改變的前提下，還是無法踏上古巴這塊土地，以前被迫收歸國有的工廠，更不可能歸還。

蘭姆酒鬧雙胞

　　古巴有款很有名的蘭姆酒，叫做「哈瓦那俱樂部」（Havana Club），是世界上五大品牌之一，年銷量超過400萬箱，由西班牙移民荷西·阿雷切巴拉（José Arechabala）在1878年所設立的酒廠生產，1934年正式創立品牌。往後二十幾年銷量極佳，也出口到美國；在卡斯楚政權成立後，阿雷切巴拉與其他私營企業一樣，被收歸國有，全家被迫流亡在外。

1993年卡斯楚政府與法國酒商Pernod Ricard（也是百加得的競爭對手）合作，在古巴境內生產一款名為「哈瓦那俱樂部」的蘭姆酒，由法國酒商負責全球的銷售。因為美國對古巴實施禁運，所以這款酒無法進口至美國。當時阿雷切巴拉家族聽聞這個消息相當憤怒，為了保護自己的權益，於是將正宗的Havana Club品牌與被視為家族機密的蘭姆酒配方，賣給同樣流亡在外的百加得家族，這也讓百加得與法國酒商Pernod Ricard之間展開了究竟誰的蘭姆酒才是正宗的「哈瓦那俱樂部」爭奪之戰。

這兩家「哈瓦那俱樂部」蘭姆酒目前仍並存於市場上，只是在美國買到的蘭姆酒是由百加得在波多黎各生產，而在古巴販售的則是在古巴本土生產、Pernod Ricard銷售的酒。針對這個鬧雙胞風波，百加得無奈地表示，他們的蘭姆酒雖然不是古巴製造，但所用的配方絕對是正宗的、經阿雷切巴拉家族授權的Havana Club。

哈瓦那俱樂部蘭姆酒博物館

既然蘭姆酒是古巴的國酒，不能免俗地，一定有專門的博物館供觀光客參觀。哈瓦那舊城區裡有座「哈瓦那俱樂部蘭姆酒博物館」，是所有觀光客必去景點之一。那是棟兩層樓、有中庭的典型西式古老建築，一進去會看到好幾個橡木桶，牆上則是一個大大的哈瓦那蘭姆酒標誌，上面是一位女性的圖案，象徵哈瓦那。

這個女性圖案的背後，有個浪漫的愛情故事。西元1537年，西班牙皇室派了一位新任總督統治古巴，名叫赫爾南多·德·索多（Hernando de Soto）。除了治理古巴，他還被賦予北上攻占美國東南部的重責大任。當赫爾南多率領軍隊北上美國時，總督夫人伊莎貝爾便協助處理古巴境內事務，而在公務繁忙之餘，她每天最常做的就是到哈瓦那海灣，登上皇家力量城堡（Castillo de la Real Fuerza），遙望著海岸線，等待她的丈夫歸來。最終伊莎貝爾的希望落空了，赫爾南多在1540年戰死於美國密西西比河岸邊。

1630年一位當地藝術家有感於伊莎貝爾對丈夫忠貞不二的愛情，便將她在城堡等待丈夫歸來的樣子做成雕像。當時的總督更是決定以此雕像為藍本，製

「哈瓦那俱樂部」目前是古巴境內最大蘭姆酒品牌，種類不少，隨處可見。

作一個銅製風向球，放置在皇家力量城堡的最頂端。一位女士穿著傳統西班牙服飾，一手叉腰、露出大腿，一手握著權杖眺望遠方，這座銅像被稱為「吉拉爾迪拉」（La Giraldilla），後來成為哈瓦那俱樂部蘭姆酒的標誌。

博物館裡的陳設相當典雅，牆上塗滿了深粉紅色油漆，敘述著蘭姆酒在古巴的發展史，以及哈瓦那俱樂部的歷史，同時也展示幾百年前榨甘蔗的機械、蒸汽機、蒸餾器具、橡木桶以及工廠的縮小模型。在博物館出口處的酒吧，還可以試喝一小杯純正的蘭姆酒。

我一喝下去，喉嚨燒燙，一種類似高粱酒的嗆辣感覺湧上，無法想像為什麼古巴人喜歡喝濃度這麼高的蘭姆酒。

蘭姆酒依照儲存年限不同，口感顏色也不同，以「哈瓦那俱樂部」為例，可分為四個等級：

存放18個月的蘭姆酒，酒的顏色透明、像白酒一樣，稱作「白標」。

存放3年的蘭姆酒，色澤為淡黃色，稱為「黃標」。

存放5年以上，呈現金黃色的蘭姆酒，稱作「金標」。

至於7年以上的蘭姆酒，顏色為深棕色，叫做「棕標」。

7年以上的蘭姆酒還可以再細分10年、15、25年等陳釀。

　　在古巴蘭姆酒跟水的價格差不多，有時甚至還更便宜。在台灣一瓶3年、酒精濃度約40％的蘭姆酒，750毫升大概要7、800元台幣，但在哈瓦那只需要3 CUC，不到100元台幣，與當地的礦泉水沒差多少錢，非常便宜。聽說蘭姆酒

位於首都舊城區的哈瓦那俱樂部蘭姆酒博物館門口，可以看到這個品牌的logo，象徵著這座老城古時一段淒美的愛情故事。

台灣眾多酒吧皆提供Mojito，但很多人其實不知道，這個調酒來自遙遠的古巴。

可以消暑降火，許多古巴人都把蘭姆酒當水喝，有的則是做成調酒飲用，與雪茄一樣，是古巴人生活中不可或缺的精神糧食。

　　蘭姆酒慰藉了早期黑奴飽受奴役的心酸、代表著海盜的狂歡，透過它，我們不只認識到古巴歷史、身世坎坷的百加得家族史，以及命運的哈瓦那俱樂部。

　　如果看到百加得蘭姆酒，請你留意瓶上的蝙蝠標誌，那代表著百加得家族一百五十多年來八代的榮譽，旁邊還有個西班牙皇室的標誌，宣示百加得是「蘭姆酒的王者，王者的蘭姆酒」，實至名歸。而隨著美古復交，我滿好奇將來美國若是解除對古巴的貿易禁運，古巴國有的Havana Club蘭姆酒與在市場上銷售多年的百加得Havana Club，會產生怎樣的衝突？兩個同樣品牌、同樣標誌的「哈瓦那俱樂部」蘭姆酒，誰才能贏得消費者的青睞？這場王者之爭，就讓我們拭目以待。

15

我的老鄉：
切·格瓦拉

切‧格瓦拉，信奉社會主義，曾協助卡斯楚建立共產政府，是一位廣受世人景仰的革命英雄。他的名字、他的頭像，廣泛出現在年輕人的Ｔ恤、帽子跟紀念品上，但其實真正了解他的人並不多。

切‧格瓦拉，全名為「埃內斯托‧拉斐爾‧格瓦拉‧德‧拉‧塞爾納」（Ernesto Rafael Guevara de la Serna），生於1928年6月14日，卒於1967年10月9日，享年39歲。他的家鄉在阿根廷的中部內陸城市「羅薩利歐」（Rosario），世界級的足球明星梅西（Lionel Messi）也同樣來自於這個城市。

為什麼這位革命英雄的名字裡會出現「切」這個字？「切」的寫法為CHE，由來已無從查證，有人說來自威尼斯，也有人說來自瓦倫西亞，分別經由義大利人跟西班牙人在百年前移民時帶去阿根廷。久而久之，這句話在阿根廷漸漸被賦予了「喂」、「嗨」的意思，通常是彼此熟識的男性平輩見面時打招呼或聊天的發語詞。

我常和朋友開玩笑，怎麼認出一個人是否為阿根廷人？雖然將西班牙文做為母語的國家為數眾多，但只要講出CHE這個詞，就一定知道對方來自阿根廷，因為目前全世界只有阿根廷人會用這個單字。來自阿根廷的切‧格瓦拉後來去了古巴，但仍維持不少阿根廷人的習慣，例如熱愛足球、喝阿根廷的瑪黛茶，所以在革命期間，他的戰友就幫他取了一個綽號叫做「切」，他也欣然接受，甚至把「切」做為簽署正式文件時的簽名。擔任古巴國家銀行總裁時，他就曾這樣在當時發行的古巴鈔票上簽名。他說：「『切』這個名字是我一生當中最重要且最珍貴的符號。」

展開革命旅程

切‧格瓦拉出身在一個中產階級家庭，雖然不是非常富裕，但也衣食無缺，從小學習法文、喜歡文學、攝影。他出生時罹患氣喘，仍像一般阿根廷人一樣，對足球有著無比的狂熱。

1947年切‧格瓦拉進入知名的布宜諾斯艾利斯大學醫學院就讀，升上大三那年暑假，他騎著單車遊遍了阿根廷十二個省，總共四千多公里的路程；隔年因為好友阿爾貝托的提議，兩人暫時放下課業，從阿根廷出發，經過智利、秘

魯、哥倫比亞，最後到了委內瑞拉。

　　兩人懷著雄心壯志與夢想、騎著破舊的諾頓牌摩托車，闖蕩了兩千多公里後，因為摩托車老舊不堪，只好丟棄在智利首都聖地牙哥，繼續往北走；在秘魯時還因為旅費不夠，自稱為痲瘋病的專家，到醫院裡工作。切‧格瓦拉在這趟旅程的日記後來被結集成《革命前夕的摩托車日記》這本書。

　　這趟漫長、有如苦行般的旅程，切‧格瓦拉了解到，原來大多數的拉丁美洲人民生活在貧困、落後的環境，貧富差距極大；此外他也發現拉丁美洲各國雖然各自獨立，但卻擁有相同的歷史文化背景及語言，經濟利益也相近，如果能透過革命進行改革，各國彼此合作，甚至統一，一定能改善目前的困境，幫助人民脫離貧窮。

　　這趟旅程帶給他無比的震撼，當時他心裡也悄悄種下改變世界的夢想種子。於是，在完成醫學院學業後，他放棄當一個受人景仰的醫生，選擇了離開阿根廷到外面闖蕩，期望能改善拉丁美洲的困境。

古巴地標之一，位於哈瓦那革命廣場旁的內政部大樓，上面就有一幅切‧格瓦拉的頭像與他的名言「一往無前，直至勝利！」

「當醫生只能拯救少數人；革命、改變世界，我可以拯救更多人。」他這樣說道。

切‧格瓦拉在1953年離開阿根廷，他的母親在火車月台上望著兒子的背影，心想或許從此之後就再也見不到面，沒想到這樣的念頭竟然成真。自那次離別後，切‧格瓦拉就再也沒見過父母，也沒回過家鄉。

隔年切‧格瓦拉來到了瓜地馬拉，當時美國透過中情局以各種手段推翻瓜地馬拉政府，並建立了一個親美的新政府，這是他第一次見識到美國帝國主義的蠻橫與自私，反美的思想也在心中逐漸成形。在瓜地馬拉這段期間，他認識了同樣懷有革命夢想，來自秘魯的女孩伊爾達（Hilda），後來他們結婚生了一個女兒，定居在墨西哥。

雖然婚後美滿幸福，但切仍念念不忘自己的革命理想。就在此時，他透過勞爾‧卡斯楚，認識了他的哥哥菲爾德‧卡斯楚。當時身為律師的菲爾德已在古巴策動過一次革命，並未成功，因而流亡到墨西哥。切與菲爾德志同道合、一見

切‧格瓦拉的精神標語，如今仍可在古巴境內各地看到。

如故，聊了一整夜後，就決定以軍醫身分，加入卡斯楚的「大鬍子革命軍」。

1956年11月25日凌晨，卡斯楚率領包括切・格瓦拉與82名革命軍，帶著軍火與補給品，擠在一艘只能容納25人的快艇「格拉瑪號」（Granma），從墨西哥出發，一路駛往古巴東部。由於搭乘的船又小又破舊，行程延誤整整兩天，加上登陸地點錯誤，一上岸就被古巴巡邏隊圍剿，最後50人戰死、25人遭到俘虜。倖存的12名革命軍逃離後，就以打游擊戰的方式，不斷地侵擾當時的軍政府，也逐漸贏得古巴人民的支持，1959年那年終於攻進了首都哈瓦那，瓦解軍政府，正式成立共產政府。

身為「大鬍子革命軍」一員，切・格瓦拉雖然操著不一樣的口音、膚色也較為白皙，但他的革命理想卻比任何人來得更崇高、也更熾熱。登陸後遭遇到強大軍火攻擊，逼得切必須在當下得做出選擇：維持原來的軍醫身分協助革命，還是放下手中的醫藥箱，拿起從未碰過的槍枝，用武力革命？這位充滿烏托邦理想的年輕人最後決定拿起步槍，以戰士的身分參與了這場革命。

1959年1月1日古巴共產政府正式成立，切・格瓦拉也跟著卡斯楚進駐哈瓦那，以左右手的身分位居要職，包括國家銀行總裁、工業部部長，並代表古巴參訪當時的社會主義國家，例如捷克、蘇聯、東德、北韓及中國，以及出席聯合國大會，之後他更擔任革命大使，前往埃及、阿爾及利亞、剛果等地傳播革命與反美國帝國主義的思想。

遺憾的是，切・格瓦拉因為在古巴革命期間，與妻子伊爾達感情出現了問題，古巴政府成立那年，兩人協議離婚。隨後他與在古巴打游擊戰結識的女子阿萊伊達（Aleida）結婚，並生了四名子女。

與其他革命夥伴不同的是，切・格瓦拉並不滿足在古巴政府擔任官職的安逸生活，他期望社會主義能夠在拉丁美洲遍地開花，並且徹底消滅美國帝國主義，拯救那些生活困苦的百姓。1966年，切・格瓦拉把鬍子剃掉，扮成商人，悄悄離開古巴前往玻利維亞，開始另一段革命旅程。

切・格瓦拉與其他17位來自古巴的革命精英一同在玻利維亞的山區打游擊戰，希望能集結更多當地人民，推翻政府。可惜的是，當地農民對這些革命軍相當冷淡，甚至還向當地政府告密。1967年10月8日，切・格瓦拉遭政府軍逮捕，受盡折磨，不到24小時就被秘密處死，他的雙手被剁了下來，遺體也被草

率地埋葬在山區。

切・格瓦拉生前曾有許多人說他的所作所為像耶穌一般偉大，當玻利維亞政府與美國中央情報局公布他死亡時的照片時，身型消瘦、上半身赤裸，再加上凌亂的頭髮與鬍子，與耶穌受難時的樣貌確實有幾分相似。

由於沒有任何文件記載切・格瓦拉在臨刑前說了什麼，因此他的遺言出現了幾個不同的版本。像是「你們準備槍決我，我不應該被活捉，告訴卡斯楚，這次的失敗不是革命的末日；告訴我的家人、告訴我的子女，好好的讀書、好好的生活，不要荒廢學業；最後，請你瞄準一點。」還有一種說法是，「不要開槍，我是切・格瓦拉，我活著比死了對你們更有價值！」另外第三個版本是，「我就是切，我輸了。」

每當我跟團員講到這段故事時，大家總是議論紛紛，但依照我對古巴的研究，第三個版本似乎最符合切・格瓦拉的個性與行事風格。

10月15日卡斯楚在國家電視台宣布切・格瓦拉的死是古巴的國殤，全國降半旗，百萬古巴人民參加在哈瓦那革命廣場舉辦的追思紀念會。卡斯楚同時也將10月8日定為英勇游擊隊日，以紀念這位革命英雄，也是他的好友。切・格瓦拉當時在玻利維亞所寫的日記，隔年也在古巴出版，裡面記載了他在玻利維亞山區打游擊戰的過程。

為革命而活的夢想家

切・格瓦拉生性熱情豪邁，卻又帶點叛逆性格。他的父親曾說，切的血液裡流著愛爾蘭造反者、西班牙征服者以及阿根廷愛國者的血液，不受任何人事物拘束。他的第一任妻子伊爾達也曾說：「就是因為古巴革命，我才失去了丈夫，他真正的愛只有革命跟理想。為了革命，他可以拋棄家人跟愛人去追求他的理想，放棄一切正常人的生活。」

來自阿根廷的切・格瓦拉與古巴感情深厚，他曾表示從古巴革命中得到最珍貴的報酬就是拿到古巴國籍，成為古巴人民的一分子。當革命軍在哈瓦那這個號稱美國蒙地卡羅、美國後花園建立共產政府後，許多人沉迷於功成名就的榮光之中，只有切・格瓦拉仍維持著跟革命期間一樣勤儉樸素的生活，每天穿

著乾淨的軍服，胸前口袋放著筆記本、鉛筆、香菸以及治療氣喘的噴霧劑，早出晚歸，完全不像一位大權在握的高官。

　　有次他發現家裡多出了不少奶油、蛋與肉品，遠超過政府配給的數量，追究後發現原來是下屬為了巴結長官，私自把這些食材送到家裡，後來這名下屬因此遭到切‧格瓦拉嚴懲。

　　美國《時代週刊》曾描述：「切‧格瓦拉是一位危險人物，臉上充滿著使許多女性為之動容的傷感與微笑，這種外表使他與1960年代那種革命的激情與充滿北美大陸反叛的氣質相吻合，許多美國激進分子更把他當成了自己的目標與榜樣……沒有多少國家的領導人像他一樣性感、不拘一格，甚至有放肆的行為，這些都是執政者與革命者令人難忘卻難以達到的形象，而切‧格瓦拉卻輕易地做到了！」

　　《時代週刊》更指出，「切‧格瓦拉是三人（指菲爾德‧卡斯楚、勞爾‧卡斯楚與切‧格瓦拉）執政中最引人注目和危險的一位。他用冷靜的頭腦、超

曾是共產主義的先鋒代表，如今他的頭像卻是資本主義最賣錢的標誌。假如切仍活著，不知會做何感想？

凡的能力、過人的智力以及幽默領導著古巴。」雜誌最後提到，「菲爾德是當代古巴的心臟跟靈魂，勞爾是革命的拳頭，切則是大腦，他是古巴向左轉的主要負責人。」

也因為切‧格瓦拉的鮮明形象與魅力，許多旅行團以及古巴政府、雪茄商，常常把他當作觀光宣傳的招牌。切‧格瓦拉的頭像如今已成為一種時尚，出現在衣服、帽子、觀光景點、宣傳物品等處。

一個共產主義的煽動者竟然變成資本主義暢銷商品的標誌，如果切還在世，不知做何感想？

切‧格瓦拉雖然已逝世近四十年了，依然是古巴革命的標誌，在古巴到處可見他鼓勵古巴繼續向前的標語，其中最著名的就是哈瓦那革命廣場旁的內政部大樓，有個很大的切‧格瓦拉頭像，底下寫著他對卡斯楚說過的名言，「直到勝利，永不放棄！」（Hasta la victoria siempre!）

切‧格瓦拉城

聖塔克拉拉市（Santa Clara）位於古巴中部，是第六大城市，也是比亞克拉拉省（Villa Clara）的省會及政經文化中心。1958年切‧格瓦拉帶領數十位革命菁英在此暗中破壞鐵軌，使得當時載著四百多名政府軍與重型武器的列車翻覆，革命軍大獲全勝，獨裁總統巴蒂斯塔（Batista）也連夜逃離古巴。這場戰役不僅奠定卡斯楚革命軍成功的基礎，更為切‧格瓦拉贏得謀略家的稱號。

由於這座城市對切‧格瓦拉深具意義，當1997年他的墳墓在玻利維亞山區Valle Grande被發現時，古巴政府將他的遺骸運回聖塔克拉拉，以頂級軍事儀式重新安葬，自此聖塔克拉拉市也被稱為切‧格瓦拉城。

每回帶團來到這裡，我總是鼓勵團員買一件印有切‧格瓦拉頭像的衣服或帽子，接著帶大家去他的陵墓參觀，憑弔這位偉大的革命英雄。

聖塔克拉拉有幾個景點非常值得一遊，想更了解或瞻仰切‧格瓦拉的朋友，更是不可錯過。

- 鐵甲列車博物館（Monumento a la toma del tren blindado）：這是一座位於鐵路旁的戶外博物館，從聖塔克拉拉市的主廣場走十幾分鐘

就可到達。切‧格瓦拉擊敗四百名政府軍的戰役就是在這裡發生。由紅色火車車廂改裝而成的博物館裡，展示著他破壞鐵軌所使用的黃色推土機、雙方使用的武器、戰爭所穿的衣服等。免費參觀，但拍照要付5 CUC。

●**城西區**：這裡有一系列的建築群，如銅像、紀念牆、紀念館以及紀念堂，為切‧格瓦拉迷朝聖必去的景點。

1. **切‧格瓦拉銅像**：為一座高6.8公尺、20噸重，切‧格瓦拉穿著橄欖綠的軍裝，右手拿M2步槍，左臂包著石膏，眼睛遠望南方的青銅像。

2. **紀念牆**：又長又寬的紀念牆上有著一座浮雕，展示著切‧格瓦拉與卡斯楚兄弟贏得戰役、勝利的景象。旁邊獨立的一座四方形紀念碑上刻著1965年切‧格瓦拉離開古巴，寫給卡斯楚的完整信件。裡面解釋他離開古巴的理由，以及世界的另一端需要他去貢獻力量，如果他葬身異國，臨終時想到的依然是古巴人民。他沒有給他的子女、妻子留下任何財

位於聖塔克拉拉城市的切‧格瓦拉銅像以及他離開古巴時寫給卡斯楚的道別信。後方是珍藏了不少生前遺物以及安放切‧格瓦拉遺體的紀念館。

同樣身為阿根廷人的我，忘不了第一次來到這裡時，全身起雞皮疙瘩的望著切‧格瓦拉的雕像：「老鄉啊，我們終於見面了！」

產，但他不會為此感到難過，反而感到高興，最後勉勵卡斯楚「直到勝利，永不放棄！」

　　當時我站在這座紀念牆前面一字一句地把這封信讀完，對切‧格瓦拉的文筆佩服不已！實在無法想像一個成天在山區打游擊戰，可以忍受好幾天不睡覺、不洗澡，留著大鬍子的革命軍人，能寫出這麼令人動容的文字。

　　3.紀念館：展示切‧格瓦拉從小到大的照片及文物，例如他的小學制服、成績單、生活用品、記事本、手槍及菸斗等生前遺物，可惜裡面禁止拍照。

　　4.紀念堂：1997年落成，主要是為了重新安置切‧格瓦拉的遺骸所建置，紀念堂共有三十個四方形墓穴，墓穴裡面安放著切‧格瓦拉與和他一同犧牲戰友的骨灰盒。

　　第一次進入紀念堂時，不知道是因為冷氣太強，還是心有所感，當我看到切‧格瓦拉浮雕像，並且知道他的遺體就在牆後面時，莫名感動湧上心頭，全身起了雞皮疙瘩。因為我們同樣來自阿根廷，此時此刻卻在古巴相遇，不同的是他是為了人民來到古巴革命，而我則是從台灣帶團來古巴旅遊的領隊。

台灣旅遊界的切‧格瓦拉

　　2017年4月我帶著33名團員到古巴旅遊，當行程結束即將返回台灣時，其中一位團員塞了一封信給我。打開來看，信紙是他從筆記本裡撕下的一頁，裡面夾雜著中、英文，還有我那幾天在古巴教他們的西班牙文。

　　信裡寫道：

　　Dear Eric,

　　優質的團隊及團員應該要有一個極具號召力、充滿魅力，隨時可以裝出各種怪表情的優質領隊，恭喜你又成就了一段古巴13天的夢幻旅程。祝你有愈來愈多更有趣、優質的旅行經驗，設計的行程獲金質獎肯定，新書大賣！

　　信裡的最後一段還寫著，「有位年輕的阿根廷男孩來台灣追尋他的夢，你呢，就像是台灣旅遊業的切‧格瓦拉。加油！」

　　當我看到信末這段文字時，內心滿滿的感動，甚至是激動。從來沒想過會

有人拿我與切‧格瓦拉相比，雖然覺得太過誇獎，甚至有些害羞，但仔細想想，這樣的比喻亦無不可：同為阿根廷人的我，一樣是離鄉背井的我，雖然沒有切‧格瓦拉那麼偉大的使命感，但我同樣認真追尋自己的夢想。

很多台灣朋友常問：「你會在台灣待到什麼時候？」我總是回答：「我會在這裡待很久，因為我喜歡台灣，喜歡這裡的食物、風景、台灣人的熱情，甚至台灣空氣的味道。台灣給了我一份很棒的工作，或許我會在這裡結婚生子也說不定！」

如同切‧格瓦拉當年離開阿根廷後，常與母親信件往來，思念之情溢於言表，如今我隻身在台灣奮鬥，也非常想念我的父母、我的兩個妹妹，以及家裡的七隻狗。有時遇到困難、陷入低潮時，我也會鼓勵自己，秉持著最初的熱情，奮力向前。我期望能夠繼續像切‧格瓦拉一樣，為了理想持續在台灣努力。

但是，切‧格瓦拉也曾經說過，「如果要死，希望死在故鄉的土地上。」儘管後來他是以英雄身分被安葬在古巴，但我非常認同他的想法：

「如果人最終難免一死，我也希望回到阿根廷的土地上。」

（照片提供：吳心妤）

國家圖書館出版品預行編目資料

古巴，你好嗎？ / 苗啟誠著. -- 初版. -- 臺北市
：平裝本，2017.11
　　面；　公分. --（平裝本叢書；第456種）(icon
；47)
ISBN 978-986-95699-0-3（平裝）

1. 旅遊 2. 古巴

755.839　　　　　　　　　　　　106020308

平裝本叢書第 456 種

icon 47

古巴，你好嗎？

作　　者—「玩美南人」Eric 苗啟誠
發 行 人—平雲
出版發行—平裝本出版有限公司
　　　　　台北市敦化北路 120 巷 50 號
　　　　　電話◎ 02-2716-8888
　　　　　郵撥帳號◎ 18999606 號
　　　　　皇冠出版社（香港）有限公司
　　　　　香港上環文咸東街 50 號寶恒商業中心
　　　　　23 樓 2301-3 室
　　　　　電話◎ 2529-1778　傳真◎ 2527-0904
總 編 輯—龔橞甄
責任編輯—陳怡蓁
美術設計—嚴昱琳
著作完成日期— 2017 年 9 月
初版一刷日期— 2017 年 11 月

● 皇冠讀樂網：www.crown.com.tw
● 皇冠Facebook：www.facebook.com/crownbook
● 皇冠Instagram：www.instagram.com/crownbook1954/
● 小王子的編輯夢：crownbook.pixnet.net/blog